KB200354

팀 켈러의
인생 베이직

태어남에 관하여

팀 켈러의 인생 베이직

태어남에 관하여

지은이 | 팀 켈러
옮긴이 | 윤종석
초판 발행 | 2020. 8. 19.
10쇄 발행 | 2024. 12. 31
등록번호 | 제1988-000080호
등록된 곳 | 서울시 용산구 서빙고로65길 38
발행처 | 사단법인 두란노서원
영업부 | 02)2078-3333 FAX | 080-749-3705
출판부 | 02)2078-3330

책값은 뒤표지에 있습니다.
ISBN 978-89-531-3822-3 04230
     978-89-531-3825-4 04230 (세트)

독자의 의견을 기다립니다.
tpress@duranno.com   www.duranno.com

두란노서원은 바울 사도가 3차 전도 여행 때 에베소에서 성령 받은 제자들을 따로 세워 하나
님의 말씀으로 양육하던 장소입니다. 사도행전 19장 8-20절의 정신에 따라 첫째 목회자를
돕는 사역과 평신도를 훈련시키는 사역, 둘째 세계선교™와 문서선교 단행본·잡지 사역, 셋째 예
수문화 및 경배와 찬양 사역, 그리고 가정·상담 사역 등을 감당하고 있습니다. 1980년 12월
22일에 창립된 두란노서원은 주님 오실 때까지 이 사역들을 계속할 것입니다.

팀 켈러의
인생 베이직

태어남에 관하여

ON
BIRTH

팀 켈러 지음   윤종석 옮김

두란노

우리 손주들에게.
너희가 세상에 태어났을 때
얼마나 기뻤던지.

하지만
너희가 거듭났음을 알았을 때는
그보다 훨씬 더 기뻤단다.

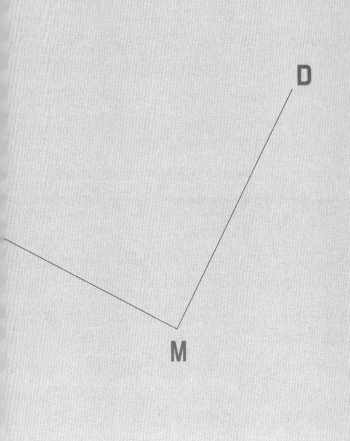

삶은 여정이요, 그 여정의 기초는 하나님을 찾
고 아는 데 있다. 결혼을 앞두고 있거나 아이가 태어
나거나 또는 나이를 불문하고 죽음의 순간을 마주
할 때면 으레 생각이 많아지고 깊어진다. 일상이라
는 쳇바퀴에 매여 있던 우리도 그런 순간들만은 잠
시 일상에서 벗어나 예부터 인류가 거듭해 온 중대
한 질문을 스스로에게 던지곤 한다.

◊ 나는 무엇을 위해 살고 있는가?

◊ 인생에 찾아온 이 새로운 시기를 헤쳐 나갈 수
  있을까?

◊ 나는 하나님 안에 바로 서 있는가?

인간에게 일어날 수 있는 가장 근본적인 변화는 성경이 말하는 거듭남^{요 3:1-8} 즉 "새로운 피조물"이 되는 것이다.^{고후 5:17} 물론 이는 살면서 어느 때에나 벌어질 수 있는 일이지만, 대개 우리가 그리스도를 믿게 되는 결정적인 계기는 앞서 말한 지각변동 같은 시기에 찾아온다. 우리 부부가 45년을 사역하면서 보니, 많은 사람들이 특히 인생의 큰 전환기에 열린 마음으로 하나님과의 관계를 탐색했다.

삶의 중대한 변화를 맞이하는 이들이 '진정으로 변화된 삶'이 무엇인지 생각하도록 돕고 싶어 이 소책자 시리즈를 마련했다. 인생에서 가장 중요하고 뜻깊은 순간들을 기독교적 기초 안에서 바라볼 수 있게 하는 것이 이 시리즈의 목적이다.

시리즈 전체 흐름은 세상에 태어남과 세례로 시작해 결혼으로 넘어가 죽음으로 맺으려 한다. 이 작은 책들이 길잡이가 되어 당신에게 위로와 지혜를 더해 주고, 무엇보다 평생 하나님을 찾고 아는 길을 가리켜 보여 줄 수 있기를 바란다.

모든 인간,
'부모'를 통해
태어나게 하셨다

"거듭나게 하시고
영생하게 하시니."

찰스 웨슬리,
찬송가 〈천사 찬송하기를〉 중에서

기독교 신앙에서는 모든 사람이 두 번 태어나야 한다고 가르친다. 처음 날 때는 자연계에 태어나지만, 찰스 웨슬리가 노래한 것처럼 예수님이 친히 말씀하신 '거듭남'요 3:3을 통해서는 하나님 나라에 태어나 새로운 영적 생명을 받는다.

우리가 처음 세상에 태어남은 하나님이 우리를 창조하셨기 때문이고, 영적으로 다시 태어남은 그분이 우리를 구속하셨기 때문이다. 이렇게 주님은 양쪽 출생 모두의 주인이시다.

앞으로 이 두 번의 출생을 둘러싼 영적 쟁점 몇 가지를 살펴보려 한다. 하나님께 생명을 받아 인간으로 태어난다는 것은 어떤 의미인가? 가정과 교회는 신생아에게 어떤 책임을 져야 하는가? 첫 출생으로 맺어진 우리 자녀를 어떻게 하면 두 번째 출생거듭남에 이르도록 도울 수 있을까?

주님은 매번 사람을 직접 새로 창조하시지 않고, 남녀가 성적으로 연합함으로써 세상에 새 생명을 낳도록 고유한 능력을 우리에게 부여하셨다. 그래서 성경은 늘 갓난아기를 하나님이 복을 주신 징표로 보고 경이롭게 여긴다.

본래 하나님은 인류에게 "생육하고 번성하여 땅에 충만하라"^{창 1:28}고 명하셨다. 물론 예수님과 바울의 예에서 보듯이, 하나님이 모든 사람에게 결혼을 명하시지는 않는다. 그럼에도 왜 우리가 갓난아기를 바라볼 때 하나님의 기적을 목격하고 있음을 절감하는지 창세기 1장 28절이 설명한다. 시편 127편 3절에서는 **모든** 자녀가 하나님의 "상급"이라고 말한다.

하지만 다른 면도 있다.

하나님은 세상에 영웅과 구원자를 보내실 때 불임이지만 아기를 갖고 싶어 하는 부부의 태를 통해 태어나게 하신 경우가 많다. 그렇게 해서 이삭과 야곱, 요셉, 삼손, 사무엘이 본래 임신하지 못하던 여인들에게서 태어났다. 그런데 얼른 봐도 알겠지만, "하나님의 선물"로 받은 이 자녀들이 하나같이 부모 마음을 심히 아프게 했다. 특히 야곱과 요셉, 삼손의 삶이 그랬다.

유명한 본문 시편 139편 13-16절을 보자. "주께서 내 내장을 지으시며 나의 모태에서 나를 만드셨나이다 내가 주께 감사하옴은 나를 지으심이 **심히 기묘하심이라** …… 내 형질이 이루어지기 전에 주의 눈이 보셨으며 나를 위하여 정한 날이 …… 주의 책에다 기록이 되었나이다."

어느 성경학자의 말처럼 "하나님이 어머니 배 속에서 우리를 빚으신다는 사실은, 그분이 태아에게도 가치를 부여하시고 처음부터 우리를 어떻게 사용하실지 계획하셨음을 생생히 일깨워 준다."

우리를 지으심이 "심히^{두렵고도, NIV} 기묘하심이라"라는 표현이 자못 흥미롭다. 세상에 태어나는 모든 아기는 경이로우면서도 동시에 두려운 피조물이다. 갓난아기를 바라보노라면 누구나 어느 정도 두렵고

떨릴 수밖에 없다. 이 새 생명은 창조주의 형상대로 지음받아 특유의 재능과 소명을 안고 태어났으며, 그 일생을 역사의 주인께서 계획해 두셨기 때문이다. 아이를 보며 가장 경이로움과 두려움을 크게 느껴야 할 사람은 바로 아이의 부모다.

출산 후 병원에서 우리 첫째를 집에 처음 데려오던 날 아내는 아이를 꼭 끌어안고 울었다. 아내의 말마따나 산후에 분비되는 호르몬 탓도 있었을 것이다. 하지만 한편 이 작디작은 아이가 장차 타락한 인류의 일원으로서 떠안아야 할 운명이 떠올라서이기도 했다.

물론 "그를 위하여 정한 날이 주의 책에 다 기록되어" 있었다. 하지만 그 책에는 우리 아이가 살면서 겪어야 할 실망과 상처와 실패와 고통과 상실 그리고 결국은 죽음까지도 들어 있음을 아내는 또한 알았다. 이 모두는 우리가 아무리 힘써 아이를 보호하려 해도 피할 수 없는 현실이다. 그래서 아내는 세상에서 가장 경이로운 존재를 양육해야 한다는 그 책임 앞에 말 그대로 떨었다. 그렇게 생각하니 나도 떨렸다.

아내는 다음과 같이 결론을 내렸다.

어느 엄마는 아이의 출생을 "가정의 지진"이라 표현했다. 너무도 바랐기에 더없이 기쁜 일이든 그렇지 않든, 첫째 아이든 열넷째 아이든, 건강하든 아픈 곳이 있든, 모든 새 생명은 존재 자체만으로 크고 작게 역사를 바꾸어 놓는다. 아기를 낳은 엄마는 수천 년을 거슬러 올라가는 단체의 일원이 된다. 그 안에는 고대 문화의 많은 여왕과 종과 13세 소녀도 있고, 아흔 살의 여인 성경에 나오는 이삭의 어머니 사라도 있다. 나라와 부족과 언어와 민족마다 다 출산을 둘러싼 의식儀式이 있는 데는 그만한 이유가 있다. 출산은 없다가 **생겨난** 사람을 맞이하는 신비에 가까운 사건이다.

자녀,
복인가 짐인가

새 생명을 낳는 일은 인간이 할 수 있는 가장 대단하고 경이로운 일이다. 특히 여성은 하나님의 창조 보조자로서 새 생명을 받아 양육하는 특권을 일임받았다. 여성이 부여받은 능력은 남성과의 성적 연합을 기꺼이 받아들일 때 발현되고, 그럼으로써 여태 존재하지 않던 새 생명이 꽃을 피운다.[2]

새 생명을 창조하는 일은 문명과 문화를 다방면으로 다음 세대에 전수할 뿐 아니라 이 세대를 사는 우리까지도 속속들이 변화시킨다. 그래서 이 일에 어쩌면 당신이 여태 경험해 본 적이 없는 수준의 희생을 해야 할 수도 있다.

그런데 이 엄청난 특권에 현대인들이 보이는 반응은 좋게 말해서 양가감정이다.

자녀를 경이롭게 느끼는 것까지는 몰라도 자녀를 낳고 키우는 일을 두려워하는 것만은 현대인들이 절감하는 부분이다. 오늘날 이 사회는 지속적으로 출생률이 낮아져 출생자 수가 사망자 수를 따라잡지 못할 정도가 되었다. 이른바 인구 대체 출산율_{현재의} 인구 규모를 유지하는 데 필요한 출산율에도 못 미치고 있다.

이를 두고 진보 쪽에서는 경제적 이유 때문이라 며 탓하고, 보수 쪽에서는 이기적 풍조가 만연해서 라고들 지적한다. 제니퍼 시니어가 쓴《부모로 산다 는 것*All Joy and No Fun*》에서 이 주제를 잘 다루었다. 저 자는 지나친 일반화를 신중히 삼가면서 현대인이 자 녀 양육에 양가감정을 품는 여러 가지 이유를 열거 하는데, 그중 두 가지가 두드러진다.

첫째, 현대 문화는 개인의 자율성과 자아실현을 전례 없이 강조한다는 점이다. 이 시대를 사는 우리 는 직업, 성생활, 지리적 위치, 결혼 및 이혼, 출산 등 에서 더 폭넓은 선택의 자유를 누린다. 저자는 "우리 에게 많은 자유를 새로 안겨 준 역사 발전을 되돌리 고 싶어 할 사람은 별로 없다"면서도 우리가 "정의하 는 자유는 부정적 의미로, 즉 외부에 의존하지 않는 상태와 남에게 신세 지지 않을 권리로 변했다. …… 자신의 재산이나 시간을 사회에 빼앗기지 않는다는

뜻이다"라고 썼다.[3]

의무로부터 해방되는 것이 곧 자유라고 굳게 믿는 우리에게 "자녀 양육은 아찔한 충격이다." 이제 우리는 직장, 장소, 진로, 배우자 등 무엇이든 자신에게 만족이나 유익이 없다 싶으면 바꿀 수 있는 선택권이 있다. "그런데 자녀만은 우리가 선택하거나 바꿀 수 없다. 어떤 영속적 헌신도 요구하지 않는 문화에서 자녀는 우리를 속박하는 마지막 의무다."[4]

부모들이 느끼는 "아찔한 충격"을 지독한 이기심으로만 볼 수는 없을 것이다. 실제로 자녀 양육은 '관계'와 관련해 문화가 우리 안에 길러 놓은 모든 심리적 습성에 도전장을 내민다. 그런 습성을 고치기란 쉽지도, 간단하지도 않다.

오늘날의 부모 역할이 매우 양면적인 또 다른 이유는 자식을 키우는 데 쏟아붓는 재정과 정서 자본이 사상 최대라는 점이다. 오죽하면 자녀 양육 "자체가 사실상 직업이 되었을" 정도다. 다만 이 직업에 딱 하나의 문제점이 있으니 곧 "목표가 전혀 분명하지 않다"는 것이다. 부모들이 실제로 자녀에게 **하려**

는 일은 무엇일까? 예컨대 "오늘날의 부모는 …… 아들딸이 심리적으로 만족하는 일에 잔뜩 신경을 쓰는데, 언뜻 보기에 이는 훌륭한 목표지만 의미가 모호하다."[5]

그나저나 "심리적 만족"을 누가 정확히 정의 내릴 수 있는가? 그냥 행복하다는 뜻인가? 잔인한 사람은 행복할 수 없을까? 그렇다면 자녀의 도덕과 선이 목표인가?

설령 부모들이 그것을 원한다 해도 현실적으로 현대 문화는 도덕 가치를 한사코 문화적 구성물로 치부한다. 그러면서 부모의 가치관을 자녀에게 주입할 것이 아니라 자녀 스스로 선택하도록 맡겨야 한다고들 이야기한다. 하지만 정말 그럴까? 자녀가 정직하지 않고 동정심이 없고 공정 거래를 무시하고 인내할 줄 몰라도 부모는 개의치 말아야 하는가? 이런 부분을 과연 자녀의 선택에만 맡겨도 되는가, 아니면 그렇지 않은가?

그리스도인에게는 이런 문제를 정확히 설파한 자원이 손안에 있다. 인간 본성에 대한 성경의 가르침을 아는 부모는 자녀에게 기대하는 바가 다를 수밖에 없다.

현대 아동 심리학은 필연적으로 항상 모종의 철학적 인간론을 전제로 한다. 보다 대중적인 비공식 민간 지혜도 마찬가지다. 즉 인간 본성을 보는 관점이 나머지 모든 것의 기초가 되는 것이다. 이런 인간관은 인간 스스로 선택해서 삶을 이어 나가는 능력을 긍정적으로 여길 수도 있고 비관적으로 여길 수도 있다. 또 인간 본성을 기본적으로 선하게 볼 수도 있고 구제 불능으로 악하게 볼 수도 있다.

그러나 성경의 가르침에 따르면 인간은 생각보다 훨씬 위대하면서 **동시에** 훨씬 악하다. C. S. 루이스의 〈나니아 나라 이야기Chronicles of Narnia〉 시리즈에서 주인공인 사자 아슬란이 인간 아이들에게 하는 말과 같다.

아슬란이 말했다. "너희는 아담 경과 하와 부인의 후손이다. 이는 가장 가난한 거지도 고개를 꼿꼿이 들 만큼의 영광이지만, 또한 지상 최고의 황제도

어깨가 축 처질 만큼의 수치이기도 하다. 그러니 자족하라."[6]

인간 본성을 이렇게 보는 기독교적 관점에 힘입어, 부모들은 아동 발달에 대한 많은 환원주의적 접근을 완전히 수용하지 않으면서도 거기서 배울 수 있다. '보수' 성향의 자료는 훈육과 한계 설정과 도덕적 가치 교육 같은 개념을 강조하는 반면, '진보' 성향의 자료는 자녀의 말을 경청해 주고 충분히 인정해 주며 스스로 질문하고 사고할 자유를 주라고 강조한다. 사람이 '하나님의 형상을 지닌, 타락한 존재'라는 기독교적 인간관은 인간 심성에 대한 이 모든 단순 논리식 관점을 받아들이지 않으면서도 거기서 배우고 일부 내용을 쓸 수 있다.

인간 본성을 바르게 아는 것 말고도 기독교가 우리에게 주는 자원은 훨씬 더 많다. 예나 지금이나 부모라면 으레 느끼는 여러 고충이 거기에 직접 언급되어 있다.

자녀를
하나님께 드리는 예식

자녀가 기쁨이긴 해도 그에 비례해 부모로서 느끼는 책임감 또한 어마어마할 수 있다. 그래서 베푸는 기독교 교회 성례 가운데 유아 세례가 있다.[7] 그리스도인이라고 다 유아 세례를 시행하지는 않지만 대다수는 어떤 식으로든 자녀를 공적으로 하나님께 드린다. 이는 유대교의 관습을 따른 것인데, 아기 예수가 태어났을 때도 요셉과 마리아가 아기를 데리고 예루살렘에 올라갔다. 이는 아기를 주께 드리기 위함이었다. 눅 2:22-23

부모가 세례를 통해 아이를 하나님께 드린다 해서 어린 자녀가 자동으로 구원받는 것은 아니다. 새 생명을 무無에서 창조하지 않으시고 남녀 사이의 연합을 통해 지으시는 하나님은 대개 두 번째 출생도 첫 번째 출생과 비슷하게 사랑의 관계를 통해 그리고 대부분 경우 가정을 통해 이루신다.

죄는 대물림되는 경향이 있어서 부모와 조부모의

약점이 우리에게도 나타난다. 그런 특성을 우리 쪽에서 싫어해서 온 힘을 다해 피하려 해도 말이다. 하지만 **은혜도** 대물림되는 경향이 있어서 사랑받고 믿음과 은혜의 좋은 본을 보며 자란 자녀는 스스로도 그런 것들을 추구한다.

아이가 세례를 받으면 부모에게 엄청난 도움이 된다. 세례식은 기독교 교회 공동체의 친구들에 둘러싸여 서약하는 공예배다. 현대인은 결혼식을 제외하고는 공적인 약속들을 사실상 폐기했다. 인성 형성에 영향을 주는 강력한 기제를 저버린 것이다. 가족들과 친구들의 면전에서 엄숙하게 맺는 약속은 우리를 빚어 줄 뿐 아니라 우리 머리와 마음과 의지 속에 영구한 각인을 남긴다.

유아 세례 때 부모는 구속력 있는 언약으로 선서한다. 우선 부모인 우리 자신이 은혜 안에서 자라가기로 약속한다. 이 책 3장 부분을 참조하라 그래야 자녀가 우리에게가 아니라 우리 구주와 주님께로 이끌릴 수 있다.

또 우리는 자녀를 혼자 키우지 않고 교회 공동체

안에서 양육하기로 약속한다. 이 공동체는 하나님께
또 서로에게 다짐한 여러 약속으로 연합되어 있다.
대개 세례식에 동참하는 성도들은 우리를 돕고 우리
자녀를 함께 돌보겠다고 말로 함께 약속한다. 이렇
게 공동체가 함께하기에 우리는 더욱 힘을 얻어 부
모의 본분과 사명을 다할 수 있다.

세례로 아이가 구원받지는 못한다 해도 우리는
하나님이 이런 서약에 응답하여 하늘의 참은혜와 힘
을 주시리라 믿는다. 우리 하나님은 약속을 존중하
시는 언약의 하나님이시다. 시 56:12-13

유아 세례 때 부모가 하는 약속은 교단마다 다르
지만 그중 내가 늘 눈여겨보았던 내용을 소개하겠다.

부모의 약속

*1   당신은 예수님을 믿고 구원받았습니까? 이
      구원이 여태 당신이 했거나 앞으로 할 어떤
      행위 덕분이 아니라 오직 그분이 다 이루신
      일 즉 당신의 죗값을 대신 치르신 십자가의
      죽음을 통해서만 가능함을 고백합니까?

*2   당신은 유아 세례가 구원의 조건이나
      비법이 아니라 자녀가 언약 공동체의
      일원이라는 의미임을 인정합니까? 당신은
      자녀가 스스로 책임질 나이가 되면
      그리스도를 구주와 주님으로 영접해야
      함을 압니까?

*3   당신은 이 자녀를 하나님께 돌려 드리기로
      그분과 언약했습니까? 섭리 가운데
      하나님이 자녀의 생명을 도로 취하신다
      해도 당신은 그분을 원망하지 않겠습니까?
      자녀가 장성해 아주 먼 다른 나라에서
      하나님을 섬기도록 부름받는다면 당신은

앞을 가로막지 않고 힘써 격려하겠습니까?

* 4   당신은 이 성례를 통해 하나님께 다음과
같이 언약하겠습니까? 자녀를 주의 훈계로
양육하여 그분께 순종하며 예배하게 하고,
자녀를 위해 그리고 자녀와 함께 기도하고,
자녀를 늘 하나님 백성의 교제권 안에
두고, 사랑으로 가정에 충실하고 믿음의
경건한 본을 보이는 등 당신의 최선을 다해
자녀를 그리스도를 알고 구원받는 쪽으로
인도하겠습니까?

회중의 약속

*   회중의 일원으로서 여러분은 자녀를
기독교 신앙으로 기르려는 이 부모를
위해 기도하기로 약속합니까? 그들의
노력을 도와주기 위해 그들의 자녀에게
하나님을 섬기며 순종하는 본을 함께
보여 주겠습니까? 이 부모가 하나님께

받은 본분을 소홀히 할 경우 여러분은
아주 겸손하게 그들을 질책하고 바로잡아
주겠습니까?[8]

세속 문화가 심어 놓은
신념들

회중 앞에 공약하여 자녀를 하나님께 드린 부모
는 자녀의 마음을 하나님께로 향하게 하고자 여러
면에서 애를 쓴다. 그런데 세속 문화는 이런 그리스
도인 부모들을 여러모로 방해한다.

서구 사회의 문화 제도에는 인간 본성과 도덕에
대한 많은 신념이 전제되어 있으나 대체로 세상 사
람들은 그게 신념인지조차 모른다. 문화를 지배하는
다음과 같은 각종 내러티브를 우리는 광고, 영화, 텔
레비전 프로그램, SNS 등 수많은 매체를 접하면서 흡
수한다.

◇ "자신에게 충실해야 한다."

◇ "자신이 행복한 일을 해야지 다른 사람이나
상황에 떠밀려 그 일을 희생해서는 안 된다."

◇ "남에게 해가 되지 않는 한 자기가 원하는 대로
자유롭게 살아야 한다."

◇ "아무도 남에게 옳고 그름을 따져 말할 권리가
없다."

◇ "각자가 믿는 진리대로 살면 된다."

이 같은 진술들은 제자도, 죄와 은혜, 하나님의
성품 등에 관한 성경의 가르침에 정면으로 배치된
다. 즉 인간의 목적과 정체성을 말하는 현대 문화의
배후 신념에는 하나같이 논쟁의 소지가 많다. 그런
데도 이런 메시지들이 재론의 여지가 없다는 듯 무
조건 객관적이고 합리적이고 개방적이고 과학적인
진술로 제시된다. 사회 이론가들은 이런 현상을 일
컬어 "신비화"mystification라 한다. 실은 논쟁의 여지가
있는 주장인데도 실재reality에 대한 가히 난공불락의
사실이라는 인상을 조장한다는 뜻이다.

〈뉴욕 타임즈 매거진*The New York Times Magazine*〉에 실린 성性에 관한 한 기사에서 단적인 예를 볼 수 있다. 글을 기고한 사람은 오랜 세월 전통 사회가 "지금 우리가 알고 있는 건전한 성적 쾌락을 변태로 단죄했다"[9]고 주장한다.

하지만 고대 문화는 그런 성생활을 "건전하지 않다"고 본 게 아니라 도덕적으로 잘못되었다고 판단을 내린 것이다. 그런데도 기고자는 "이제 우리에게 성에 관한 도덕규범은 없다"고 말하지 않는다. 사실은 그런 뜻이면서 말이다. 대신 그는 성에 대한 자신의 신념을 과학의 언어로 포장한다. 이 같은 신념은 다분히 고대 그리스-로마 문화의 신념으로 회귀한 것이다.

그리스도와 그분의 복음 쪽으로 자녀의 마음을 돌리고 싶다면 부모는 문화가 어떻게 세속 신념을 상식적 진리로 신비화하는지를 알아야 한다. 젊은이들은 날마다 SNS를 하면서 많은 시간을 들이는데, 거기서 각종 사연과 경험담과 영화와 동영상과 광고와 음악이 홍수처럼 쏟아져 나와 오늘날의 세속 세계관을 퍼뜨린다.

일주일에 한 번씩 자녀를 교회에 데려가거나 중고등부 예배에 보내는 것만으로 이 모두를 충분히 이겨 내고 자녀를 사려 깊은 그리스도인으로 길러 낼 수 있다고 생각한다면 이는 오산이다.

십중팔구는 실제로 이런 일이 벌어진다. 즉 자녀가 겉으로는 여전히 성경에 기록한 내용을 믿는다고 고백하지만, 마음속 가장 뿌리 깊은 습성과 직관적 판단 기준은 성경과 무관해지는 것이다. 그러다 십대 후반이나 대학 시절부터는 기독교에는 개연성이 없다는 의구심에 사로잡힌다.

이런 현실에서 부모가 할 수 있는 일은 무엇일까? 사회학자 제임스 D. 헌터는 미국 전역 학교에서 쓰는 "인성 함양" 교과 과정들을 연구했다. 교과 과정마다 학생들에게 정직, 정의, 친절, 관용, 지혜, 절제 등의 덕목을 길러 주려 한다. 그런데 헌터가 지적했듯이 모든 다양한 과목과 교재가 실제로 학생의 인성을 변화시킨다는 증거는 전혀 없으며, 이는 공립학교든 사립학교든 일반 학교든 종교 이념을 바탕으로 설립된 학교든 다 마찬가지다.[10]

그런 교과 과정은 하나같이 마틴 루터 킹 주니어를 정의라는 덕목의 본보기로 떠받들며 학생들에게 그를 본받도록 권장한다. 그런데 헌터는 마틴 루터 킹 주니어가 어떻게 그런 사람이 되었는지를 반문한다. 그는 흑인 교회라는 풍부하고 끈끈한 공동체의 산물이었고, 이 공동체가 사람들에게 준 것은 단지 윤리 기준이 아니라 "우주론"이었다. 이는 인간을 해방시키시는 출애굽기의 하나님 이야기를 통해 우주를 보는 관점이다. 교회에서 가르친 이 이야기는 그저 과거에 벌어진 사건의 감동적 기록이 아니라 역사 전체를 설명하는 이야기로, 오늘날에도 누구나 그 안에 들어가 살 수 있다.

요컨대 마틴 루터 킹 주니어를 빚어낸 것은 명확한 도덕관을 실제로 구현하고 실천했던 강건한 공동체였다. 그리고 이 공동체의 기초는 '세상이 어디서 기원했고 인간은 누구이며 어디로 가는가'를 바라보는 일련의 신념이었다." 물론 교실에서는 이 모든 것을 기를 수 없지만 가정에서는 가능하다. 일정한 교회 공동체에 몸담고 있는 가정이면 특히 더하다.

헌터는 이를 "도덕 생태계"^{moral ecology}라 칭한다. 이 생태계는 자녀가 살고 있는 가정과 교회, 때로 학교 등 서로 강화해 주는 공동체들로 이루어지며, 특정 세계관과 이야기와 거기서 파생되는 도덕 가치를 그런 공동체에서 가르치고 설명하고 구현하고 일상생활에 적용한다. 인성을 형성하는 이런 공동체의 특징으로는 도덕 우주론과 지침서는 물론이고 도덕적 강화^{講話}와 상상력과 본보기도 늘 빠지지 않는다.

부모가 가르치거나,
세상이 가르치거나

자녀가 사려 깊은 그리스도인으로 자라나 복음에 기초를 둔 도덕적 인성을 갖추려면, 그리스도인 부모가 자녀와 함께 그런 도덕 생태계에서 살아야 한다. 이 생태계를 신명기 6장 1-3절에서 엿볼 수 있다. 우선 첫머리에 인성 형성의 목표가 나온다.

이는 곧 너희의 하나님 여호와께서 너희에게
가르치라고 명하신 명령과 규례와 법도라 너희가
건너가서 차지할 땅에서 행할 것이니 곧 너와 네
아들과 네 손자들이 평생에 네 하나님 여호와를
경외하며 내가 너희에게 명한 그 모든 규례와
명령을 지키게 하기 위한 것이며 또 네 날을
장구하게 하기 위한 것이라 이스라엘아 듣고
삼가 그것을 행하라 그리하면 네가 복을 받고 네
조상들의 하나님 여호와께서 네게 허락하심같이
젖과 꿀이 흐르는 땅에서 네가 크게 번성하리라.

   목표는 단지 윤리적 행위"그 모든 규례와 명령을 지키게 하기 위한 것"가 아니라 크신 하나님을 마음 깊이 경외하고 경탄하는 것"여호와를 경외하며"이다. 규칙을 따라 그저 행하기만 하는 것이 아니라 마음이 달라져야 한다. 하나님을 우리의 의미와 정체성과 소망과 행복의 궁극적 근원으로 삼는 내면의 변화가 필요하다. 이런 마음을 어떻게 기를 수 있을까?
   도덕적 원칙은 그것들을 뒷받침하는 세계관, 즉

도덕 우주론에 바탕을 두어야만 통한다. 앞의 신명기 본문에 기록했듯이, 하나님의 계명에 순종하면 순종하는 우리의 날이 장구하고²절 복을 받는다. ³절 성경 속 하나님은 우리를 사랑하시는 창조주이시며, 그분과 이웃을 섬기고 알고 사랑하도록 우리를 설계하셨다. 그래서 창조주의 법에 순종하면 그분을 높일 뿐 아니라 우리도 그 설계대로 최상의 상태가 된다. 물고기가 뭍이 아닌 물속에 살고, 자동차 운전자가 자동차 관리 설명서에 따라 자동차를 다룰 때와 마찬가지다.

이 공동체에는 **도덕 지침서**인 성경도 있다. 그중 신명기는 모세가 하나님의 백성 공동체에게 전한 일련의 설교다. 하나님이 계시하신 십계명을 신명기 5장에서 상술한 모세는 6장에서 '이 말씀을 마음에 새기고 자녀에게도 부지런히 가르치라'고 말한다. 신 6:6-7 물론 기독교 교회는 신명기뿐만 아니라 성경 전체를 도덕적 지혜를 실천하는 지침서로 받았다.

이 공동체에는 헌터가 말하는 **도덕적 강화**discourse도 있다. 칠판에 도덕규범을 써 놓고 학생들에게 외

우라고 시키는 것으로는 부족하다. 본문 말씀처럼 "집에 앉았을 때에든지 길을 갈 때에든지 누워 있을 때에든지 일어날 때에든지 이 말씀을 강론"해야 한다. 신 6:7

일상생활에 규범을 구체적으로 적용하려면 지혜로워야 하고 끊임없이 주의해야 한다. 날마다 수많은 선택의 기로에 설 때마다 이렇게 물어야 한다.

"이 상황에서 옳은 길은 무엇인가?"

그날 내린 특정한 결정이나 행동이 왜 예수님과 그분의 복음에 부합하는지 자녀와 대화를 나누어야 한다. 하나님의 명령이 한낱 추상적 신념이 아니라 그것을 자녀의 "손목에" 그리고 "미간에" 두어야 함을 자녀에게 알려 주어야 한다. 신 6:8 그리스도를 믿고 경험하는 대로 매일의 생각"미간"과 행동"손목"이 빚어진다는 사실을 가르쳐야 한다.

이 공동체는 **도덕적 상상력**도 활용한다. 알래스데어 매킨타이어가 쓴 고전 《덕의 상실 *After Virtue*》에 보면, 예부터 품성을 심어 주는 데 가장 유용한 것은 도덕성을 다룬 이야기들이었다.[12] 더불어 소속 공동

체의 과거 이야기들이 인성을 형성하는 데 가장 큰
효과를 발휘할 수 있다.

> 후일에 네 아들이 네게 묻기를 우리 하나님
> 여호와께서 명령하신 증거와 규례와 법도가
> 무슨 뜻이냐 하거든 너는 네 아들에게 이르기를
> 우리가 옛적에 애굽에서 바로의 종이 되었더니
> 여호와께서 권능의 손으로 우리를 애굽에서
> 인도하여 내셨나니 곧 여호와께서 우리의
> 목전에서 크고 두려운 이적과 기사를 애굽과
> 바로와 그의 온 집에 베푸시고 우리 조상들에게
> 맹세하신 땅을 우리에게 주어 들어가게 하시려고
> 우리를 거기서 인도하여 내시고 여호와께서
> 우리에게 이 모든 규례를 지키라 명령하셨으니
> 이는 우리가 우리 하나님 여호와를 경외하여 항상
> 복을 누리게 하기 위하심이며 또 여호와께서
> 우리를 오늘과 같이 살게 하려 하심이라. *신 6:20-24*

보다시피 자녀가 "왜"인지 묻거든—예컨대 **"왜 거**

짓말이나 도둑질이나 간음을 하면 안 되나요?"—도
덕 철학을 강의할 게 아니라 내러티브를 들려주어야
한다. 선과 악이 싸우는 이야기가 논리를 주장하는
것보다 더 상상력을 사로잡고 심성을 빚어내는 데 효
과적이다.

히브리서 11장은 아브라함, 야곱, 요셉, 모세 등
을 신약에 약술한 소위 '믿음의 영웅전'이다. 그런데
꼭 알아야 할 것이 있다. 이들 성경 인물은 타문화에
서 흔히 볼 수 있는 도덕적 귀감과는 다르다. 그중 아
브라함과 야곱과 다윗과 베드로 넷만 보더라도 모두
흠투성이였고 심각한 도덕적 실패를 되풀이했다. 우
리 자녀에게 왜 이런 이야기를 들려주어야 할까?

복음이란 곧 자격 없이 하나님의 은혜로 구원받
는다는 메시지이기 때문이다. 그리스도의 구원은 유
능하고 성공한 강자의 몫이 아니라 자신이 그렇지
못함을 과감히 인정하는 사람의 몫이다.

성경이 우리에게 가리켜 보이는 것은 완전무결에
가까운 승리의 화신들이 아니라 연약한 부류다. 즉
하나님의 은혜를 받을 자격도 없고, 은혜를 구하지

도 않으며, 막상 그분이 은혜를 베풀어 주셔도 감사할 줄을 모르는 부류다. 회개가 많은 사람일수록 은혜의 최대 수혜자가 된다.

바로 이런 이야기들이 복음의 원리와 능력을 아주 생생히 깨우쳐 준다. 기독교의 도덕 원리에는 예수님이 사랑으로 우리를 구원하신다는 복음의 역동이 함축되어 있다. 예수님의 희생으로 말미암은 은혜의 복음을 머리로만 아니라 마음으로 깨닫고 일상생활에 적용하면, 우리는 스스로 **원해서** 정의를 행하고 정직해지며 미워하고 다투던 사람과 화해하고 순결을 지키게 된다.

끝으로 도덕 생태계인 기독교 공동체의 특징은 **도덕적 본보기**에 있다. 자녀 양육의 본분을 두루 지시하던 모세가 우리에게 이런 말을 한다.

> 너희의 하나님 여호와께서 너희에게 명하신 명령과 증거와 규례를 삼가 지키며 여호와께서 보시기에 정직하고 선량한 일을 행하라. 신 6:17-18

이것이야말로 효과적인 인성 형성 공동체가 갖춘 가장 상식적인 요건일 것이다. 우리 자녀들은 복음에 기초한 도덕 가치와 성품이 주변 사람들 속에 실제로 구현되는 모습을 보아야만 한다. 그러므로 누구보다 부모 자신이 먼저 믿고 고백하는 대로 살아야 한다. 위선을 보이면 자녀는 부모에게서 멀어질 것이며, 정말 그렇게 돼도 당연한 결과다.

우리 부부는 우리의 평범한 양육에도 불구하고 우리 세 아들이 청소년 시절에 기독교 신앙을 아주 긍정적으로 보며 자랐음에 늘 감사한다. 뉴욕에 자리한 우리 교회에서 아이들을 둘러싸고 있던 이십 대와 삼십 대 초반 남녀 청년들이 자기 분야에서 성공했고 성품도 훌륭한 데다 깊이 헌신하는 신자들이었기 때문이다.

자녀 교육법을 다룬 책마다 단골로 등장하는 조언이 있다. 부모의 "가치관"을 주입할 게 아니라 자녀 스스로 가치관을 형성하도록 도우라는 것이다.[13] 그러나 여기 불변하는 사실이 있으니 광고업계나 SNS, 대다수 학교 교사 등 세상 모든 사람이 암암리에든 노골적으로든 "너만의 진리대로 살라"와 같은 사상으로 우리 자녀를 교화하려 한다는 것이다.

우리가 자녀를 가르치지 않으면 반드시 다른 누군가가 가르칠 것이다. 우리가 도덕 생태계를 구축하여 그리스도를 닮은 자녀로 길러 내지 않는다면, 세상의 도덕 생태계가 우리 아이들을 함부로 빚어 버릴 것이다.

부모가 감수해야 할 마음의 칼

마리아와 요셉은 아기 예수를 주께 드리러 성전에 갔다가 시므온이라는 노인을 만났는데, 그는 성령의 감동으로 이 아이가 바로 오래전에 약속된 메시아임을 알아보았다. "이제는 …… 종을 평안히 놓아주시는도다 내 눈이 주의 구원을 보았사오니"눅 2:29-30라는 감탄에 이어 그는 마리아를 보며 이렇게 예언했다.

보라 이는 이스라엘 중 많은 사람을 패하거나
흥하게 하며 비방을 받는 표적이 되기 위하여
세움을 받았고 또 칼이 네 마음을 찌르듯 하리니
이는 여러 사람의 마음의 생각을 드러내려
함이니라. 눅 2:34-35

시므온의 말처럼 장차 예수님은 세상에 화평을
주시는 만큼이나 분쟁도 유발하신다. 자신이 하나님
의 아들이라는 그분의 주장은 많은 사람에게 구원과
안식을 가져다주지만, 나머지는 이를 배격하기에 그
분으로 인해 사람들이 서로 분열한다. 특히 마리아
는 어머니로서 아들의 위대함을 보는 더없이 큰 기
쁨뿐 아니라 체포되어 고문당하고 죽는 아들을 목격
하는 애끊는 슬픔도 **같이** 겪는다.

물론 예수님이 부활하신 뒤에는 마리아도 아들이
당한 일이 모든 인류를 구원하기 위한 것이었음을
분명히 깨닫는다. 하지만 그때까지는 그녀의 경험도
세상의 모든 어머니, 모든 부모의 경험과 크게 다를
바 없다. 기쁨이 칼을 품고 있다.

광고업계나 SNS, 대다수 학교 교사 등
세상 모든 사람이 암암리에든 노골적으로든
"너만의 진리대로 살라"와 같은 사상으로
우리 자녀를 교화하려 한다.
우리가 우리 자녀를 가르치지 않으면
반드시 다른 누군가가 가르칠 것이다.

어떤 의미에서 모든 사랑하는 관계에는 "마음의 칼"이 따라온다. 참으로 사랑하면 당신의 마음이 상대와 하나로 묶이기 때문이다. 그 결과 둘의 행복도 하나로 묶이므로 상대가 행복하지 못하면 당신도 온전히 행복할 수 없다. 부모의 경우에는 자녀와의 이런 심리적 결탁이 본능적으로 이루어진다. 그래서 흔히들 말하듯이 "부모는 자신의 가장 불행한 자녀만큼밖에 행복할 수 없다."[4]

그러니 수많은 현대인이 출산을 포기할 만도 하다. 하지만 마리아와 요셉이 부모로서 고생하지 않고는 예수님이 세상에 복을 주실 수 없었듯이, 우리도 마음의 칼을 받아들이지 않고는 자녀의 새 생명으로 세상을 복되게 할 수 없다.

그러므로 자기연민과 염려에 빠질 게 아니라 각고의 기도로 그 칼을 감당해야 한다. 빌 4:6 아울러 우리에게 구원의 복을 베푸시려고 예수님이 실제로 못과 가시에 찔리시며 십자가에 달리시는 등 상상을 초월하는 대가를 치르셨음도 알아야 한다.

이것이 기독교가 부모들에게 주는 위대한 자원이

다. 바로 그리스도의 모본인데, 그분이 보여 주셨듯이 생명을 양육하려면 늘 희생이 뒤따른다. 문명이 지속되고 사랑이 더하기를 바라는 사람은 새 생명에 따라오는 희생도 기꺼이 환영한다. 이 책은 바로 그런 사람들을 위한 것이다.

자녀를 하나님께 드리고 공동체 안에서 심성을 길러 주고 부모로서의 희생을 기도와 은혜로 감수하면, 당신의 자녀도 어느새 성령으로 '거듭나고' 싶어질 수 있다. 이 거듭남이 다음 두 장에 걸쳐 살펴볼 주제다.

거듭남,
'좀 더 나은 사람'이 아닌
'새사람'이 되는 것이다

1 그런데 바리새인 중에
   니고데모라 하는 사람이 있으니
   유대인의 지도자라

      2 그가 밤에 예수께 와서 이르되
   랍비여 우리가 당신은
         하나님께로부터 오신 선생인 줄 아나이다
      하나님이 함께하시지 아니하시면
            당신이 행하시는 이 표적을
               아무도 할 수 없음이니이다

      3 예수께서 대답하여 이르시되
   진실로 진실로 네게 이르노니
      사람이 거듭나지 아니하면
            하나님의 나라를 볼 수 없느니라

4 니고데모가 이르되 사람이 늙으면
      어떻게 날 수 있사옵나이까
   두 번째 모태에 들어갔다가 날 수 있사옵나이까

5 예수께서 대답하시되 진실로 진실로
      네게 이르노니 사람이 물과 성령으로 나지 아니하면
   하나님의 나라에 들어갈 수 없느니라

      6 육으로 난 것은 육이요
            영으로 난 것은 영이니.

요한복음 3장 1-6절

요한복음 3장 1-6절은 성경에서 두 번째 출생 곧 거듭남을 언급한 가장 유명하고 중요한 대목이다. 이 본문을 바탕으로 거듭남에 관해 몇 가지 질문을 던져 보자.

　　누가 거듭나야 하는가?

　　거듭남은 어디서 오는가?

　　거듭남의 결과는 무엇인가?

　　어떻게 거듭나는가?

누가
거듭나야 하는가

　　'거듭난' 그리스도인이라는 말을 들으면 일반인은 무슨 생각이 들까? 대개는 특정 부류의 사람을 떠올린다. 우선 흔히들 보다 감정적이고, 카타르시스 경험을 추구하며, 찬송가를 부를 때도 손을 높이 들어 흔들고 싶어 하는 이들을 떠올린다. 이런 사람이 거듭남의 종교를 좋아한다는 것이다.

그런가 하면 도덕 체계를 절실히 필요로 하는 부류를 떠올릴 수도 있다. 이들은 중독이나 각종 문제에 빠져 허우적대느라 삶이 망가졌을 수 있고, 그래서 엄격하고 체계적인 종교와 그에 딸린 많은 절대 규율이 그들에게 유익할 수 있다. 이런 사람에게는 거듭남의 종교가 필요하다.

끝으로 미국 사회에서 '거듭난' 그리스도인이란 보수 진영의 정치 후보에게 투표하는 부류로 알려져 있다. 물론 현실은 그보다 복잡하지만 일반적으로는 그렇게들 생각한다.

요약하자면 거듭남이란 특정 기질이나 인생 경험, 정치 성향을 가진 사람에게만 해당한다는 것이 세간의 생각이다.

하지만 이 모든 견해가 틀렸음을 니고데모에게서 볼 수 있다. 요한복음 3장 본문을 보면 어느 밤, 예수님과 대화를 나누러 한 인물이 찾아온다. "바리새인", "유대인의 지도자"라는 짤막한 문구가 그에 대해 많은 것을 말해 준다. 이 두 가지 사실에서 몇 가지를 추론할 수 있는데, 우선 본문에서 말하는 지도자란 산헤드린 공회원을 뜻하므로 그는 나이가 지긋한 지배층 남성이었을 것이다. 또 바리새인이라 했으니 도덕성과 신앙심은 물론이고 수양까지 꽤 쌓았을 것이다.

요컨대 그는 감정적인 부류도 아니었고, 삶이 무너져 내려 도덕 체계가 더 필요한 사람도 아니었다. 오히려 도덕 체계의 화신이라 할 바리새인이었다.

그렇다면 그는 극보수의 부류였을까? 그렇게 생각할 수도 있지만 요한복음 본문에 그려진 그의 파격적인 면모를 생각해 보라. 기득권층의 심장부를 차지한 그는 당대를 지배하던 문화 제도의 수문장이었다. 그런 그가 예수님께 왔는데, 그분은 랍비 학교 졸업장이나 정치적 자격을 갖추지 못한 노동자 계급의 밑바닥 출신이었다. 그런데도 니고데모는 정중히 "랍비여"라고 부르며 그분께 배우려 했다. 이로 보아 그는 아주 도량이 넓었을 뿐 아니라 남달리 생각이 열려 있었다.

요컨대 니고데모는 누구인가? 반듯하게 성공했으면서도 보기 드물게 개방적이고 포용력 있던 통

큰 사람이다. 그는 삶이 망가져서 도덕 체계가 필요한 사람도 아니고, 감정적이어서 카타르시스 경험을 요하는 사람도 아니며, 편견에 사로잡힌 보수 성향의 사람도 아니다. 그런데 **그런 그에게** 예수님은 "거듭나야 하겠다"고 말씀하신다.

그분은 "니고데모야, 너는 여러모로 아주 착한 사람이다. 이미 칭찬받을 게 많다만 거기에 몇 가지 실천과 의무만 더하면 하나님과의 관계를 바로잡을 수 있다"라고 하지 않으셨다. 오히려 그분의 메시지는 그가 했던 그동안의 어떤 행위로도 실제로 그가 하나님께 조금도 더 가까워지지 못했다는 것이다. 예수님은 "네가 우주의 왕과 관계를 맺으려거든 완전히 재창조되어야 한다. 너는 거듭나야 한다"라고 말씀하신다.

그러므로 예수님의 이 부르심은 역기능적 인간이 체계적 도덕과 종교를 받아들여야 한다는 의미일 수 없다. 오히려 이는 도덕과 종교 자체에 대한 **도전**이다. 니고데모로 대변되는 것이 곧 도덕과 종교이기 때문이다. 예수님은 거듭남이 특정 부류의 사람에게만 해당한다는 오만한 개념을 전복시키신다. 구원은 행위의 공로 덕분이 아니라 새로운 출생으로 말미암기에 누구든지 거듭날 수 있다.

예수님의 요지는 급진적이면서도 단순하다. 거듭나지 않고는 아무도 하나님 나라를 볼 수조차 없기에 모든 사람이 거듭나야 한다. 거듭남은 모든 사람에게 해당한다. 누구나 다 거듭나야 한다.

거듭남은
미래에서 오는 것

요한복음 3장 3절에 예수님은 하나님 나라를 보려면 거듭나야 한다고 하셨고, 5절에도 하나님 나라에 들어가려면 거듭나야 한다고 하셨다.[1]

대화 상대가 유대인 바리새인임을 잊지 말라. 니고데모에게 "하나님의 나라"는 어떤 의미였을까? 종말에 이루어질 부활 즉 이사야가 예언했던 새 하늘과 새 땅을 의미했을 것이다. 사 65:17; 66:22 갈등과 역기

능으로 분열되어 있던 팀이나 조직이 훌륭한 지도자 밑에서 하나로 화합하듯이, 하나님이 이 땅에 다시 오실 종말에는 그분의 왕권과 영광이 완전히 실현되어 만물을 회복시킨다.

많은 그리스 철학자가 역사는 끝없이 순환한다고 믿었다. 주기적인 일대 정화를 통해 세상이 불타서 깨끗해진 뒤 새로운 역사가 시작된다는 것이다. 이를 전문 용어로 "팔린게네시아"라 했으니 곧 세상이 다시 태어나는 거듭남을 뜻한다. 그러나 이 "거듭남"은 최종 상태가 아니라 반복이므로 역사는 매번 다시 쇠망할 수밖에 없었다.[2]

그런데 예수님은 마태복음 19장 28절에서 그리스 철학에서 사용하는 이 전문 용어를 기상천외한 의미로 변용하신다. "세상이 새롭게 되어^{팔린게네시아; 앞에 **정관사**가 붙어 있다} 인자가 자기 영광의 보좌에 앉을 때"를 말씀하신 것이다. 즉 그 철학자들이 틀렸다는 말씀이다. 장차 그분이 재림하여 다스리시면 세상이 정말 거듭나되 단번에 그 상태로 완성된다. 그저 만물이 끝났다가 다시 굴러가는 것이 아니라 모든 악과 죽음이 소멸되고 모든 고난과 눈물이 사라진다.

이것만으로도 물론 놀라운 주장이다. 그런데 디
도서 3장 5-6절에 보면 바울이 새로운 출생에 관해
이렇게 말한다. "우리를 구원하시되 우리가 행한 바
의로운 행위로 말미암지 아니하고 오직 그의 긍휼하
심을 따라 중생의 씻음과 성령의 새롭게 하심으로 하
셨나니 우리 구주 예수 그리스도로 말미암아 우리에
게 그 성령을 풍성히 부어 주사."

번역을 해서 한눈에 들어오지는 않지만 여기 나
오는 "중생"^{거듭남}의 헬라어 원어도 팔린게네시아다.
예수님이 거듭남과 하나님 나라를 연계시켜 암시하
셨던 내용을 바울이 명확히 밝힌 셈이다.

모든 무한한 능력으로 세상을 새롭게 정화해 줄
하나님 나라는 역사의 종말에만 온전히 실현된다.
그러나 거듭나면 하나님의 그 장래의 능력이 지금
당신의 삶에 심겨진다. 하나님이 천지 만물을 치유
하시고자 마지막 때에 드러내실 그 미래의 영광이
지금 당신의 삶에 조금이나마 실제로 들어올 수 있
다. 그리고 그때부터 당신은 속속들이 변화된다.

그래서 거듭남은 어디서 오는가? 미래에서 온다! 놀랍게도, 시간 여행 이야기들에나 자주 등장하는 메시지가 이렇게 성경에도 들어 있다. 그런데 이 시간 여행만은 논픽션이다. 거듭남이란 우리가 미래로 이동하는 게 아니라 미래가 우리 속으로 들어오는 것이다. 여행의 주체는 당신이 아니라 시간이다. 세상을 거듭나게 하시는 하나님의 능력이 지금 당신의 삶에 들어와 느리지만 확실하게 당신을 그분 아들의 형상으로 변화시켜 나간다. 롬 8:29

다 너무 추상적으로 들릴 수 있으니 아주 실제적인 사례를 하나만 살펴보자. 사람을 변화시키는 거듭남의 위력을 과소평가하지 말라. 베드로는 줏대 없는 겁쟁이였고 바울은 완고하고 가혹하고 잔인했다. 그런데 거듭난 뒤에 베드로는 사자처럼 용감해지고 바울은 목자처럼 자애로워져 둘 다 세상을 변화시키는 인물이 되었다. 그들이 원래부터 당신이나 나보다 더 유망해서 그랬던가? 아니다.

우리 삶에 거듭남을 통해 제거되지 못하거나 치유될 수 없는 것은 하나도 없다. 상처나 두려움, 죄책

거듭남이란

우리가 미래로 이동하는 게 아니라

미래가 우리 속으로 들어오는 것이다.

세상을 거듭나게 하시는

하나님의 능력이

지금 당신의 삶에 들어와

느리지만 확실하게

당신을 그분 아들의 형상으로

변화시켜 나간다.

감이나 수치심, 약점이나 결함 등 그 무엇도 예외가
아니다.

거듭남의 가장 중요한 특성은 거듭난 사람에게
나타나는 결과다. 예수님의 말씀에서 배울 수 있듯
이 거듭남이란 새 생명을 얻는다는 뜻이다.

예수님은 요한복음 3장 5절에서 "물과 성령으로"
나야 한다고 말씀하신다. 많은 사람이 이 말씀을 우
리가 구원받으려면 두 가지, 즉 믿음과 세례가 필요
하다는 의미로 해석한다. 그러나 딱 하나를 두고 하
신 말씀일 가능성이 훨씬 높다. 성경학자들은 예수
님이 이때 에스겔 36장을 인용하셨다고 지적하는데,
거기에 보면 하나님의 영을 물에 비유한다. 건조한
사막 기후에서 물이 워낙 생존에 필수다 보니 사실
상 물이 곧 생명이었기 때문이다.

요컨대 거듭나면 당신 안에 하나님의 생명, 다름 아닌 성령이 심겨진다. 이 말은 무슨 뜻인가? 신약을 두루 훑어본다면 당연히 할 말이 많겠지만, 여기서는 예수님이 쓰신 은유만을 이야기하려 한다. 즉 모태에서 태어나는 아이처럼 우리도 다시 태어난다는 은유인데, 여기에는 적어도 두 가지 의미가 암시되어 있다. 새로운 감각과 새로운 정체성이다.

첫째로 우리는 거듭날 때 새로운 감각을 받는다.[3] 예수님은 거듭나야 하나님의 나라를 "볼" 수 있다고 하셨다. 요 3:3

식물을 포함해서 모든 생명체는 나름대로 환경을 지각한다. 물론 인간에게도 오감이 있어 아기가 태어나면 빛과 소리와 촉감과 냄새와 맛 등 새로운 감각 경험이 쏟아져 들어온다. 그 규모가 실로 어마어마할 것이다.

이와 비슷하게 거듭남에도 새로운 영적 감각이 딸려 온다. 여태 이해할 수 없었던 하나님과 자신과 세상에 대한 진리를 지적으로 능히 깨달을 뿐 아니라 그런 진리가 마음에 완전히 새롭게 느껴지기까지

한다. 영적으로 살아 있다는 것은 곧 영적 실재를 지각할 수 있다는 뜻이다. 이제 당신에게 영적 시각과 미각이 주어졌기 때문이다.

이런 변화가 제일 먼저 확연히 드러나는 부분 가운데 하나가 성경 읽기다. 당신은 어렸을 때 교회와 주일학교에 다녀서 성경 내용을 꽤 아는 편이고 암송한 요절도 많을 수 있다. 그러나 거듭나고 나면 여태 놓쳤거나 머리로만 동의했던 성경 진리가 서로 척척 맞아들면서 감동과 위로와 깨달음을 가져다준다. 전에는 경험하지 못했던 일이다.

"하나님은 당신을 사랑하십니다."

"하나님은 거룩하고 정의로우십니다."

"하나님이 당신을 지켜 주십니다."

이런 말을 이전에도 들어 보았고 명제로써 일부 동의했을 수도 있다. 그런데 이제 그것이 삶을 변화시키는 실재가 되어 당신의 일상생활과 행동을 빚는다. 상상도 못했던 함축된 의미가 문득 보이면서 이런 말이 터져 나올 수 있다. "잠깐만! 하나님이 정말 그런 분이시라면 내 기분이 왜 이렇지? 내 행동이 왜 이렇지? 더는 이러고 있을 필요가 없잖아!"

1800년대 초반 프린스턴신학교 최초의 신학 교수였던 아키발드 알렉산더는 그것을 이렇게 표현했다.

> 하나님이 이렇게 역사하시면 누구라도 **신성한 진리에 새로이 눈뜬다.** 그 속에서 영혼은 지금껏 **보지 못하던 것을** 본다. 지금까지는 개념조차 몰랐지만 하나님의 진리가 얼마나 아름답고 탁월한지를 알아본다.

알렉산더는 다만 이런 새로운 영적 "이성과 감성"이 거듭나는 모든 사람에게 해당된다 해서 그 시작과 과정이 전원 똑같으리라고 예단해서는 안 된다고 덧붙인다. 그는 "얼마나 또렷이 보이는지는 사람마다 다를 수 있고 깨달아지는 특정한 진리도 마찬가지다. 그럼에도 진리에 새로이 눈을 뜬다는 사실만은 모두가 일치한다"고 썼다.[4]

새로운 지각이 다 똑같은 방식으로 찾아온다는 주장은 어불성설이다. 변화는 극적일 때도 있고 서서히 진행될 때도 있다. 깨달아지는 특정한 진리도 거듭난 사람마다 늘 똑같지는 않다. 새로운 영적 감각이 작용하는 방식은 각양각색이다.

그래도 공통점이 꽤 있는데 그중 하나는 신자들의 이런 고백이다.

"평생 들었는데도 이전에는 무슨 말인지 통 몰랐습니다."

특히 그들은 십자가에서 대신 죽으신 예수님의 사랑이 마침내 피부로 느껴지고 아름다워 보여 가슴이 뭉클하다고 고백한다. 사도 베드로는 베드로전서 2장 2절에서 "순전한 우유인 말씀을 갓난아기들처럼 사모하라"라고 말했다.[5] 종이 위 활자에 지나지 않던 성경 진리가 이제 당신이 즐기는 양식과 음료로 변해 당신의 일부가 된다.

여기 단적인 예가 있다. 오래전에 나는 시취 위원회의 한 사람으로서 사역의 길에 들어서는 젊은이들을 심사한 적이 있다. 그리스도를 믿게 된 계기를 물어보면 그들은 하나같이 이런 식으로 답했다.

"저는 교회에서 자랐지만 은혜로만 구원받는다는

복음을 들어 본 적이 없습니다."

그러면서 결국 다른 사역 단체를 통해 복음을 들었다고 설명했다. 그렇게 후보마다 똑같은 답변이 나오자 함께 심사를 보던 어느 교회 담임목사가 중간에 이런 이야기를 들려주었다.

그도 교회에서 신앙생활을 하며 자랐고, 한때는 기독교를 공부하려고 몇 가지 교육 과정도 수료했다. 그 일환으로 마르틴 루터를 배우며 그의 유명한 갈라디아서 주석도 발췌해 읽었다. 그로부터 2년 후 그는 군복무 중에 군목에게서 복음을 들었다. 그때까지 그는 그리스도인이 되려면 예수님처럼 살려고 애써야 하며, 그렇게 지극정성으로 노력하면 천국에 가는 줄로만 늘 생각하고 살았다.

그런데 군목이 구원은 그리스도께서 우리를 위해 이루신 일, 즉 그분의 삶과 죽음과 부활로 말미암아 은혜로만 가능하며, 누구나 믿음으로 단번에 구원받을 수 있음을 가르쳐 준 것이다. 감사하고 기쁘게도 그는 군목의 도움으로 비로소 믿음의 첫발을 내딛었다.

이어 그는 왜 여태 아무도 자기에게 복음을 말해 주지 않았는지 모르겠다며 군목에게 이렇게 말했다. "마르틴 루터까지도 복음을 몰랐다니 어이가 없습니다."

군목은 어리둥절한 표정으로 왜 그런 말을 하느냐고 물었고, 그는 "루터의 갈라디아서 주석을 읽어 보았는데 그런 내용은 없었습니다"라고 답했다. 그러자 군목은 돌아가서 그 책을 다시 읽어 보라고 차분히 권해 주었다.

그 목사는 "다시 읽어 보니 정말 거의 모든 페이지에 복음이 있었고, 내가 직접 밑줄을 치고 색칠까지 해 놓았더군요"라고 말했다. 그전에는 영의 눈이 감겨 미처 보이지 않았던 것이다. 그는 이렇게 말을 맺었다. "지금도 우리 교회에는 내 설교를 들으면서도 복음을 듣지 못하는 사람들이 있습니다. 거듭나야 '들을 귀'가 열리는데 아직은 그렇지 못하기 때문입니다."

새로 태어나면 영적 시력과 감각만 아니라 정체
성도 새로 얻는다. 이 또한 새로운 출생의 은유에 잘
들어맞는다. 아기는 가정에 태어나 이름을 받는다.
요한복음 1장 12-13절에 이런 말씀이 있다.

영접하는 자 곧 그 이름을 믿는 자들에게는

하나님의 자녀가 되는 권세를 주셨으니 이는

혈통으로나 육정으로나 사람의 뜻으로 나지

아니하고 오직 하나님께로부터 난 자들이니라.

"하나님께로부터 난" 사람은 이름이나 정체의 근
거가 더는 혈통이나 육정에 있지 않다. "혈통"이 전
통 문화의 신분이나 가문을 뜻한다면 "육정"은 현대
능력주의의 성취와 행위에 해당한다. 이와 달리 하
나님께로부터 나면 그분의 자녀가 되는 "권세"와 특
권을 받는다. 이 새로운 자아상과 자존감의 근거는

우리와 동화하신 하나님의 부성애에 있으며, 이 모두는 우리의 행위로 얻어지는 것이 아니라 그리스도께서 이루신 일을 통해 가능해졌다. 거듭날 때 우리는 바로 그분의 가족이 된다.

그것은 실제로 어떤 의미인가?

거듭남이란 단지 더 나은 사람이 아니라 새사람이 된다는 뜻이다. 바울의 말대로 "누구든지 그리스도 안에 있으면 새로운 피조물"이다. 고후 5:17 이는 거듭날 때 우리가 실제로 전부 바뀐다는 뜻이 아니라 전혀 새로운 무엇이 들어와 여태 우리 안에 있던 모든 것이 이를테면 자리바꿈을 통해 재구성된다는 뜻이다.

바울이 말했듯이, 유대인이나 헬라인이나 남자나 여자나 종이나 자유인이나 다 그리스도 예수 안에서 하나지만 갈 3:28 그렇다고 이런 구분이 폐기되었다는 뜻은 아니다.

신약학자 래리 허타도는 이렇게 썼다.

〔그리스도인의〕······ 민족적, 사회적, 성적 구분은

완전히 상대화되었다고 보아야 한다. 민족이나
성별이나 사회적 계층과 무관하게 이제 모든
신자는 "그리스도 예수 안에서 하나"이기
때문이다. 그러나 …… 바울도 이런 구분이 실제로
없어졌다고 보지는 않았다. 예컨대 …… 그는
늘 자랑스럽게 "히브리인"과 "이스라엘 족속"의
후손으로 자처했다. …… 그러면서도 그가
역설했듯이 "그리스도 안에서"는 …… 이런 구분이
더는 이전에 작용하던 대로 신자를 **규정하는**
요인이 못 된다.[6]

요컨대 "새로" 태어난다 해서 당신의 성별, 국적,
사회적 계층 등 삶의 모든 다양한 특성이 사라지는
것은 아니다. 다만 그중 어느 것도 더는 당신이라는
정체의 주요인이 되지 못한다. 이제 당신의 의미와
안전과 자존감과 자아상은 거기에 주로 의존하지 않
는다.
　　어떤 사람에게는 국적"나는 아일랜드 사람이다"보다 직
업"나는 성공한 변호사다"이 정체감의 더 중요한 요인일 수 있다. 반면에 다른 아일랜드인 변호사에게는 국적이 자부심과 의미가 생기는 더 큰 출처일 수 있다. 이 경우 동종 업계 종사자보다 동족에게 더 연대감을 느낀다. 그런가 하면 삶의 의미를 주로 사회 참여에서 찾는 사람도 있다. 이 경우 더 동질감과 긍지를 느끼는 대상은 국적이나 직업이 같은 사람이 아니라 같은 정의를 지향하는 정치 활동을 하는 사람이다.

어쨌든 셋 다 각기 가장 자랑스러워하는 무언가가 있어, 그 덕분에 스스로 괜찮은 사람으로 자부하며 자신의 삶에 정당성을 부여한다. 그리스도 안에 있으면 바로 이 부분이 달라진다. 정체성의 다른 요인은 다 혈통이나 육정에 해당한다. 그래서 자신이 추구하는 기준에 부합하지 못할까 봐 불안해질 뿐 아니라 나와는 정체성이 다른 이들을 편협하게 냉대하는 경향마저 생겨난다.

그러나 복음은 완전히 다르다. 우선 유독 복음만이 자아를 바로 알게 하여 변화를 낳는다. 복음에 따르면 우리는 완전히 길을 잃고 하나님을 기쁘시게 할 수 없어 예수님이 우리를 위해 죽으셔야 했는데,

그분은 우리를 지극히 사랑하시기에 기꺼이 그 죽음을 받아들이셨다.

십자가에서 우리 죄가 그분께 전가되었다. 우리의 인생 이력에 걸맞은 당연한 결과를 그분이 당하셨다. 그래서 그분을 믿으면 그분의 의가 우리에게 전가된다. 그분의 인생 이력에 걸맞은 당연한 결과를 우리가 받는다. 고후 5:21 이제 하나님은 "그리스도 안에서"고전 15:22 우리를 사랑하신다. 마치 그리스도께서 하신 모든 일을 우리가 한 것처럼 보신다. 하나님은 그 아들을 사랑하심"같이" 우리를 사랑하신다. 요 17:23 이것이 우리의 정체성과 의미와 자아상의 가장 근본적인 기초가 된다. 우리의 나머지 모든 면은 중요도가 낮아질 뿐이지 없어지지는 않는다.

여기서 언뜻 그리스도인도 기독교의 진리를 공유하지 않는 이들을 편협하게 경시하지 않겠느냐는 생각이 들 수 있다. 하지만 이는 복음의 진리를 망각한 처사다. 복음에 따르면, 우리는 죽어 마땅한데 순전히 은혜로 구원받는다. 자신이 영적으로나 도덕적으로 누구보다도 낫지 못하다는 사실을 마침내 인정하는 사람만이 구원받는다.

은혜로 말미암는 구원은 우리를 낮출 뿐 아니라 동시에 높여 준다. 야고보서 1장 9-10절에 보면 경제적으로 가난한 그리스도인은 "자기의 높음을 자랑하고" 부자이거나 유복한 신자는 "자기의 낮아짐을 자랑할지니"라고 했다. 이 말씀을 조금 살펴보자.

보통 정체감은 성과에 따라 오르락내리락한다. 최고의 자부심을 민족이나 가문에서 찾는다면, 그 집단에 속한 타인이나 본인의 행위가 전체를 명예롭게도 하고 욕되게도 한다. 어떤 때는 잔뜩 우쭐해지다가 어떤 때는 굴욕감에 젖는다. 정체감의 근거를 개인의 성취에 둔다 해도 기복을 타기는 마찬가지다.

그러나 복음을 받아들인 그리스도인에게 주어진 메시지는 이렇다. 우리 자신은 죄인이라서 정죄당해 마땅하지만 그리스도 안에서 온전히 무조건 사랑받기에 이제 정죄함이 없다. 롬 8:1 생각하기에 따라 우리의 위상이 늘 **낮고** 또한 동시에 한없이 **높다**는 뜻이다.

야고보가 말했듯이 그리스도인은 때와 상황에 맞게 둘 중 어느 한쪽의 진리를 더 마음에 새기면 좋다.

당신이 가난하여 평생 쓸모없다는 말을 들었다면, 복음 안에서 우리의 존귀한 가치를 끊임없이 묵상해야 영혼이 치유된다. 반대로 당신이 성공하여 평생 상과 칭찬을 받아 왔다면, 복음 안에서 자신이 낮은 존재임을 자주 곱씹어야 한다.

요컨대 이 새로운 정체성은 정말 "새로운 피조물"이라서 모든 것을 변화시킨다. 다른 인종과 사회적 계층의 사람들을 대하는 태도도 달라진다. 피부색이나 사회적 지위가 더는 내 정체성을 지배하지 않기에 우리는 아무도 업신여기지 않는다. 새로 '낮아진' 지위 덕분에 이전 같았으면 무시했을 사람들의 말도 듣고 배우지만, 동시에 새로 '높아진' 신분 덕분에 도전을 감내하거나 불의에 맞서 분명히 목소리를 내거나 기독교 신앙을 증언한다. 모두 이전 같았으면 시도할 엄두도 내지 못하거나 아예 바라지도 않았을 일이다.

거듭남은 어떻게 실제로 이런 변화를 일으킬까? 앞서 말한 새로운 시력과 감각이라는 첫 번째 특징이 두 번째 특징인 정체성에 요긴한 역할을 한다. 좋은 가정에 입양되었다는 말만으로는 고아원에 사는 외롭고 불행한 아이가 달라지지 않는다. 양부모가 실제로 아이를 만나 안아 주고 날마다 사랑으로 돌봐 주어야 한다. 그래야만 양부모의 성을 따라 법적으로 이름이 달라지는 것이 내면의 새로운 행복과 안전으로 연결된다.

마찬가지로 우리도 그리스도를 믿는 순간 법적으로 하나님의 자녀가 되지만 요 1:12-13 우리 마음과 실질적인 정체성이 재구성되려면 성령의 새로운 임재를 통해 하나님의 사랑과 거룩하심과 영광과 실체를 실감해야 한다.

바울이 말했듯이 그리스도께 삶을 드리면 성령께서 우리 마음속에 오시므로 우리가 "아버지"라고 부르짖게 되며, 또한 "성령이 친히 우리의 영과 더불어 우리가 하나님의 자녀인 것을 증언"하신다. 롬 8:15-16 성경 읽기와 설교 듣기, 개인 기도와 합심 기도, 서로를 세워 주는 신앙 공동체, 세례와 성찬식 등 기독교의 통상적 실천에 동참하면 성령께서 우리의 새로운 정체성을 마음으로 실감하게 해 주신다.

그리하여 우리는 느리지만 확실하게 변화된다. 성 아우구스티누스의 표현처럼 거듭남은 "사랑의 순서를 바꾸어" 놓는다. 당신은 가정이나 직업이나 타인을 덜 사랑하는 것이 아니라 성령의 능력으로 하나님의 사랑을 날로 더 중시하는 법을 배운다.

젊은 목사 시절 상담했던 한 자매가 기억난다. 그녀는 복음으로 자신의 삶이 변화된 이야기를 들려주면서 삶을 네 단계 정도로 나누어 회고했다.

아주 엄격한 교회에서 자라던 어린 시절에는 "나는 분명히 특별한 사람이야. 내 친구들보다 더 착하니까"라고 계속해서 자신에게 말했다. 그런데 문제는 잘못을 저지르는 순간 자신이 미워졌다는 것이다. 자존감의 기초 자체가 무너져 내렸기 때문이다.

그러다 삶의 다음 단계로 넘어가서는 "나는 분명히 특별한 사람이야. 이 멋진 남자가 나를 사랑하니까"라고 되뇌었다. 그런데 오히려 더 불안해졌다. "남자들의 시선을 받느냐 못 받느냐에 따라 내 감정이 흥분되거나 참담해졌어요. 게다가 마땅히 끊었어야 할 관계들도 두려워서 끊지 못했어요"라고 그녀는 고백했다.

몇 년 후에 만난 친구들은 정체감과 행복을 남자의 관심과 연애에서 얻으려는 그녀를 제대로 꾸짖었다. 그러면서 자존감의 기초를 일에 두어야 한다고 조언했다. 그녀는 친구들의 의견을 받아들여 공부와 일에 매진했고, 이번에는 "나는 특별한 사람이야. 성공해서 돈도 잘 벌고 출세도 했으니까"라고 자신을 다독였다. 하지만 그녀는 "이전에 연애가 안 풀릴 때 살맛이 안 나던 것처럼 이제는 일하다가 난관에 부딪칠 때마다 나락에 떨어지더군요"라고 털어놓았다.

그러던 중에 어떤 사람이 나타나 그녀에게 "꼭 그런 것들이 다 있어야만 특별한 존재가 되는 것은 아니지요. 착하고 친절한 사람이 되어 남을 도와주기만 하면 됩니다"라고 조언했다.

그녀는 그 시절을 이렇게 회상했다. "그래서 온 힘을 다해 남을 돕고 자원 봉사를 했어요. 그렇게 열심히 모두의 고충을 들어 주고 정서적으로 빈곤한 사람들을 도우며 애쓰다가 결국은 내가 탈진하고 말았지요. 그러면서 제 자신이 미워지더군요. 사랑해야 하는데 그들을 좋아하는 마음조차 없었으니까요."

그 자매는 자신이 특별한 존재인 이유를 "나는 착하니까", "나는 예쁘니까", "나는 성공했으니까", "나는 남을 도와주니까"에서 찾으려 했고 그때마다 정체감도 변했다. 알고 보니 매번 자기 힘으로 구원을 얻어 내려다 녹초가 되었던 것이다.

그녀는 이렇게 이야기를 끝맺었다. "내게 정말 필요한 게 무엇인지 깨달았어요. 하나님은 아무런 이유 없이 나를 그냥 사랑하시고, 또 예수님이 이루신 일 덕분에 사랑하신다는 사실이지요. 그 사실을 알고부터 모든 것이 달라졌습니다."

거듭남은 "내 자존감이 약해서 하나님의 부양책이 필요하다"는 개념이 아니다. 거듭남은 이미 자존감의 출처로 삼고 있던 잡다한 혼합물에 막연한 '하나님의 사랑'을 첨가해 주는 비타민제가 아니다. 거듭나면 최고선으로 바라보는 **대상**만 아니라 그 대상을 바라보는 **방식**까지도 달라진다. 이제 우리의 마음은 그리스도께서 값없이 베푸시는 사랑 안에 안식할 뿐 그 사랑을 얻어 내려고 노력하지 않는다. 이 정체감은 기초가 전혀 다르다.

다음은 성 아우구스티누스의 일화다. ^{아마도 전설일} ^{것이다} 그는 회심하기 전에 여자관계가 복잡했다. 하루는 그가 걸어가는데 옛 정부情婦 가운데 하나가 다가와 인사했다. 그런데 그가 최대한 예의를 갖추면서도 다소 거리를 두자 그녀는 어리둥절해했다. 정중히 작별 인사를 하고 걸음을 떼려는 그에게 그녀는 "아우구스티누스! 나예요. 나 알잖아요!"라고 말했다. 그러자 그는 웃음 띤 얼굴로 돌아보며 말했다. "알지요. 그런데 이제는 내가 〔당신이 알던 그때의〕 내가 아닙니다." 그에게 가장 중요했던 것들이 더는 그를 돌아가며 지배하지 않았다. 피폐하고 공허했던 내면이 새롭게 충만해졌다. 그는 거듭났던 것이다.

내 힘으로 구원을
얻어 내는 것이 아니다

지금까지 나는 '믿음으로 하나님을 향해 돌이키

는' 회심conversion과 거듭남이 동일한 것인 양 말했다. 근래에 신학자들이 이를 아주 잘 구분했다. 어떤 의미에서 이 둘은 동전의 양면이라 할 수도 있다. 늘 짝을 이루기 때문이다. 예수님은 마태복음 18장 3절에 "너희가 …… 회심하지 아니하면 결단코 천국에 들어가지 못하리라"라고 하셨고,[7] 요한복음 3장에는 "성령으로 나지" 않고는 하나님 나라에 들어갈 수 없다고 하셨다. 둘 다 절대적으로 필수일진대 이런 논리가 성립된다. 즉 양쪽 다 충족되지 않고는 아무도 참으로 그리스도인하나님 나라의 시민, 하나님 가정의 자녀이 될 수 없다.

그런데 성경에 하나님을 믿으라는 말은 수없이 나오지만 스스로 거듭나라는 말은 한 번도 없다. 어떻게 스스로 태어날 수 있겠는가? 은유 자체에 어긋난다. 심령의 거듭남 즉 성령의 내주하심은 당신이 할 수 있는 일이 아니다. 아기가 자기 힘으로 임신이 되고 태어날 수 없음과 마찬가지다. 반면에 믿음으로 하나님께로 돌이키는 일은 **우리에게** 명하신 것이다. 회심은 하나님께 가기 위해 당신과 내가 하는 일이지만, 거듭남은 하나님이 우리 안에 행하시는 일이다.

그러므로 진짜 질문은 이것이다. 거듭나기 위해서 어떻게 하나님께로 돌이킬 것인가? 회심은 두 부분으로 이루어지는데 둘 다 본문에 암시되어 있다. 첫째는 은혜와 관계가 있고 둘째는 그리스도와 관계가 있다.

우선 우리는 자신의 죄에서, 그리고 제힘으로 구원을 얻어 내려는 노력에서 돌이켜야 한다. 예수님은 요한복음 3장에서 니고데모에게 "거듭나야 하겠다"고 하셨다. 그런데 요한복음 4장에서는 그분이 니고데모와 정반대되는 한 여인을 회심으로 부르시는 놀라운 사례가 나온다. 이 두 인물은 성별만 달랐던 것이 아니다. 요지는 그녀의 삶이 완전히 망가진 데 반해 그의 삶은 세상 기준으로 성공 일색이었다는 것이다. 그런데 예수님은 둘 다 똑같이 은혜의 선물로 구원받도록 부르신다.

우리가 뉴욕으로 이사 오던 1980년대 말에만 해도 맨해튼은 지금과는 사뭇 달랐다. 그때 나는 하버드 클럽의 조찬 모임에서 매달 한 번씩 강연을 했는데, 지하철 F호선의 6번가 역에서 지상으로 올라오면 매춘부와 마약 거래상이 늘어서 있었다. 그러다 하버드 클럽에 들어가면 목재로 장식된 숱한 방마다 푹신푹신한 가죽 의자와 활활 타는 벽난로가 갖추어져 있었고, 사람마다 인생에 성공해 부족한 것이 없어 보였다.

그러나 그때나 지금이나 복음이 내게 하는 말은 하버드 클럽의 니고데모들도 거리의 사마리아 여인들도 똑같이 행위로는 구원받을 자격이 없지만 똑같이 은혜로는 구원받을 자격이 있다는 것이다.

삶이 아무리 착실하고 가지런히 잘 정돈되어 있어도 **거듭나야** 한다. 반면에 삶이 아무리 난잡하고 잦은 실패를 경험했어도 당신은 **거듭날 수 있다.** 예수님은 이렇게 말씀하신다. "너희는 다 도긴개긴이다. 가장 성공한 사람이나 삶에 최악으로 실패한 듯 보이는 사람이나 하나님께 올 때는 다 똑같다. 똑같은 처지다. 그래서 거듭나야 하고, 거듭날 수 있다."

니고데모는 도덕과 성취로 스스로를 구원하려 했다. 하나님 행세를 하며 자신의 구주가 되려 한 것이다. 요한복음 4장에 보면 우물가의 여인은 줄줄이 파탄 난 연애 관계와 결혼에서 기쁨과 만족을 얻으려 했다. 이 또한 똑같은 시도였다. 물론 결과는 그녀에게는 세간의 오명이었고 니고데모에게는 사회적 명예였다. 그러나 하나님이 보시기에는 자기 힘으로 구원 얻기를 시도하는 근거가 도덕이든 봉사든 미모든 다를 바 없다. 스스로를 구원하려 하기는 마찬가지다. 인간이 하나님 자리에 서는 것이다.

그러므로 겉보기에 '최고'의 사람이든 '최악'의 사람이든 누구나 똑같은 처지이며 똑같이 하나님의 은혜가 필요하다. 아기의 임신과 출산에 아기는 기여하는 바가 없다. 저절로 생겨나거나 스스로 작정해서 태어나는 것이 아니다. 전부 부모가 하는 일이지 아기의 행위와는 무관하다.

구원받으려면 역설적으로 그 구원에 자신이 아무것도 기여할 수 없음을 알아야 한다. "나 정도면 괜찮은 사람이니 구원도 내 힘으로 가능하다"고 생각하는 한 당신은 아직 영적으로 눈먼 상태다. 그 상태로는 하나님 나라를 보거나 그분의 은혜를 누릴 수 없다. 그래서 회개가 필요한데, 회개란 그저 이런저런 죄를 뉘우치는 것이 아니다.

성경은 그것을 가리켜 "생명 얻는 회개"행 11:18라 기록했다. 회심하려면 제일 먼저 하나님의 은혜 앞에 회개하며 이렇게 고백해야 한다. "알고 보니 여태 제 능력으로 구원을 얻어 내려 했습니다. 거저 베푸시는 주님의 은혜가 필요합니다."

가장 유명한 예는 바로 마르틴 루터다. 자신의 회심 과정을 그는 이렇게 기술했다. "로마서 1장 17절에 나오는 바울의 말을 어떻게든 이해해 보려고 노심초사 애썼다." 그를 고민에 빠뜨린 그 구절에 "복음에는 하나님의 의가 나타나서"라고 되어 있다. 마침내 그는 "깨닫고 보니 하나님의 의는 믿음으로 말미암아 그분이 순전히 은혜와 자비로 우리에게 주시는 의다. 이때부터 내가 거듭났다고, 즉 열린 문을 지나 낙원에 들어섰다고 느껴졌다. …… 율법과 복음의 차이를 알고부터 돌파구가 열렸다"고 말했다.[8]

바로 그거다. 루터는 번개에 맞은 심정이었다. 죄를 회개하고 하나님의 용서를 받아야 함은 그도 오

삶이 아무리 착실하고
가지런히 잘 정돈되어 있어도
거듭나야 한다.
반면에 삶이 아무리 난잡하고
잦은 실패를 경험했어도
당신은 거듭날 수 있다.
겉보기에 '최고'의 사람이든 '최악'의 사람이든
누구나 똑같은 처지이며
똑같이 하나님의 은혜가 필요하다.

래전부터 알았다. 다만 그분의 복과 은총을 얻으려면 스스로 수양을 쌓아 하나님 보시기에 의로운 삶을 살아야 하는 줄로만 생각했다.

그런데 문득 깨닫고 보니 자신이 여태 죄와 악행을 저질렀을 뿐 아니라 그나마 행한 선행조차도 목적이 잘못되어 있었다. 하나님과 사람들에게 잘 보이기 위해서였고, 착한 사람이라는 정체성을 지어 내기 위해서였고, 하나님 행세를 하며 스스로를 구원하기 위해서였다.

악행만 아니라 모든 선행의 동기까지도 회개하고 나서야 비로소 그는 자신이 "거듭났다고" 느껴졌다. 복음이 도덕적 노력을 통해 내 힘으로 얻어 내는 구원과는 다름을 깨닫고 나서야 "돌파구가 열렸다."

예수님이 감당하신
사랑의 수고

이렇듯 회심하려면 제일 먼저 내 힘으로 구원을

얻어 내려는 온갖 방안으로부터 돌이켜 회개해야 한다. 하지만 거기서 그치지 않고 믿음으로 예수님께 나아가 그분이 이루신 아름다운 일을 보아야 한다. 하나님의 은혜를 두루뭉술하게 믿는 것만으로는 부족하다. 예수 그리스도께서 이루신 일을 특정하여 믿어야 한다.

나는 세 아들이 태어나는 순간을 다 지켜보았는데, 으앙으앙 울거나 얌전하거나 발길질을 하거나 거의 미동도 없는 등 아이마다 달랐다. 하지만 공통점이 하나 있었다. 셋 다 **자신이** 노력해서 세상에 나와 새 생명을 얻은 것이 아니라 어머니의 진통과 수고 끝에 태어났다.

우리가 사는 현대 사회에서도 여전히 출산은 고통스럽고 때로 산모의 목숨을 위협한다. 하지만 거듭남을 말씀하신 예수님이 사시던 당시에는 훨씬 더했다. 산모가 지극한 사랑으로 힘들게 진통할 뿐 아니라 목숨까지 걸지 않고는 새 생명이 태어날 수 없었다. 실제로 옛날에는 아기를 낳다가 죽는 사람도 많았다.

그래서 요한복음 뒷부분에 예수님의 놀라운 비교

가 나온다. 16장 16절에 그분은 "조금 있으면 너희가 나를 보지 못하겠고"라고 하셨다. 십자가를 지실 일을 두고 하신 말씀이다. 그런데 곧이어 다음과 같이 말씀하신다. "여자가 해산하게 되면 그 때가 이르렀으므로 근심하나 아기를 낳으면 세상에 사람 난 기쁨으로 말미암아 그 고통을 다시 기억하지 아니하느니라."요 16:21

자신의 죽음을 말씀하시던 예수님이 왜 갑자기 여자의 산통을 거론하시는가? 또 고통스러운 출산의 순간을 왜 "그 때"라 표현하시는가? 요한복음을 공부해 본 사람은 알겠지만 예수님은 십자가의 죽음을 친히 예고하실 때마다 이를 자신의 "때"라 칭하신다.[9]

예수님이 하시려는 말씀이 무엇인지 알겠는가? "처음 세상에 태어날 때는 어머니가 목숨을 걸었기에 너희가 육의 생명을 얻었지만, 두 번째 날 때는 내가 목숨을 버렸기에 너희가 영의 영생을 얻는다."

요한복음 16장 본문을 계속 더 보면 예수님의 은유가 한층 놀라워진다. 그분은 말 못할 고통을 겪은 산모도 아기를 보는 순간 기뻐서 어쩔 줄 모른다고 말씀하셨다. 당당히 이렇게 고백하신 셈이다. "인간이 경험하는 출산의 기쁨도 너희를 바라보는 내 기쁨에 비하면 희미한 그림자에 불과하다. 내가 모든 고난과 고문과 죽음을 기꺼이 당한 것은 너희를 구원하고 사랑하는 기쁨이 더 크기 때문이다."

이 사실을 깨닫고 믿고 그 안에 안식하지 않는 한 당신은 거듭날 수 없다.

은혜 안에서
시기에 걸맞게
성장하고 있는가

살아
송두리째 바뀌는
근본적 변화

1 예수 그리스도의 종이며 사도인 시몬 베드로는
　　우리 하나님과 구주 예수 그리스도의 의를 힘입어
　　동일하게 보배로운 믿음을
　　우리와 함께 받은 자들에게 편지하노니 ……

　　　3 그의 신기한 능력으로 생명과 경건에 속한
　　모든 것을 우리에게 주셨으니 ……

　　4 이로써 그 보배롭고 지극히 큰 약속을
　　우리에게 주사 이 약속으로 말미암아 너희가 ……
　　신성한 성품에 참여하는 자가 되게 하려 하셨느니라

5 그러므로 너희가 더욱 힘써
　　너희 믿음에 덕을, 덕에 지식을,

　　6 지식에 절제를, 절제에 인내를, 인내에 경건을,

　　7 경건에 형제 우애를, 형제 우애에 사랑을 더하라

　　8 이런 것이 너희에게 있어 흡족한즉
　　너희로 우리 주 예수 그리스도를 알기에
　　게으르지 않고 열매 없는 자가 되지 않게 하려니와

9 이런 것이 없는 자는 맹인이라 멀리 보지 못하고
　　그의 옛 죄가 깨끗하게 된 것을 잊었느니라.
　　　　　　　　　　　　　　　　베드로후서 1장 1, 3-9절

오직 우리 주 곧 구주 예수 그리스도의 은혜와
그를 아는 지식에서 자라 가라 영광이
이제와 영원한 날까지 그에게 있을지어다.
　　　　　　　　　　　　　　　　베드로후서 3장 18절

구원을 새로운 출생으로 보신 예수님의 은유를 바울, 야고보, 요한, 베드로 등 신약의 다른 기자들도 이어받았다. 딛 3:5; 약 1:18; 요일 5:1 베드로가 첫 편지베드로전서에 두 번이나 말했듯이 그리스도인은 거듭난 존재다. 벧전 1:3, 23

출생의 은유에 함축된 가장 명확한 의미 가운데 하나를 놓쳐서는 안 된다. 그리스신화에 등장하는 여신 아테나는 제우스의 머리에서 태어날 때 이미 장성한 상태였지만 인간은 그렇지 않다. 우리는 가장 작고 무력한 아기로 시작한다. 갓난아이는 다 자란 성인과 극과 극으로 대비된다. 신생아의 성장 속도는 무서울 정도여서 처음 4-6개월 만에 몸이 두 배로 커진다.

새로 태어난 그리스도인들도 이와 비슷하게 변화하고 성장하는가? 앞서 보았듯이 변화의 기반은 이미 갖추어졌다. 성령 하나님이 우리 안에 내주하신다. 하지만 우리는 시기에 걸맞게 성장하고 있는가?

그래서 베드로는 두 번째 편지베드로후서에서 영적 성장을 거론한다. 서두와 맺음말에 공히 "은혜 안에서 자라 가라"고 당부한다.

은혜 안에서
우리는 성장할 수 있다

이번 장 본문 서신을 쓴 사람이 "예수 그리스도의 종이며 사도인 시몬 베드로"벧전 1:1임을 잊지 말라. 그는 예수님과 함께 살았던 사도였다. 산 위에서 변화되신 그분을 보았고, 하늘에서 나는 아버지의 음성도 들었다. 그는 예수님을 실망시켰으나 그분은 그를 용서하고 치유하여 하시고자 하는 사역의 지도자로 세우셨다. 부활하신 후에 여전히 못 자국이 훤히 보이는 채로 베드로를 직접 훈련시키셨다.

이 모든 일이 당신에게 벌어진다고 상상해 보라. 우리 문화에서는 "삶을 바꾸어 놓는다"는 표현을 너무 가볍게들 쓴다. 그러나 당신이 만일 산 위에서 변화되신 예수님과 부활하신 그분을 직접 보았다면 **그것이야말로** 당신의 삶을 송두리째 바꾸어 놓았을 것이다.

그런데 베드로가 뭐라고 말하는지 보라. "예수 그리스도의 종이며 사도인 시몬 베드로는 우리 하나님과 구주 예수 그리스도의 의를 힘입어 동일하게 보배로운 믿음을 우리와 함께 받은 자들에게 편지하노니."벧후 1:1

여기 "동일하게 보배로운"으로 번역한 헬라어 단어 "이소티몬"은 "가치와 효력이 대등하다"는 뜻이다. 얼마나 놀라운 말인가. 베드로가 그 사건들을 목격한 지 수십 년이 지났고, 당시 이 편지의 수신자인 그리스도인들은 지리적으로 수백 킬로미터나 떨어져 있었다. 그런데도 베드로는 그들의 믿음도 자신의 믿음과 대등하게 삶을 바꾸어 놓는 효력이 있다고 말한다. "여러분의 삶도 내 삶처럼 예수 그리스도의 복음으로 말미암아 완전히 달라질 수 있습니다"라고 말한 셈이다.

어떻게 그럴 수 있을까? 베드로의 설명이 곧바로 이어진다. 4절에 보면 우리는 "보배"로운1절과 동일한 단어 복음의 약속으로 말미암아 "신성한 성품에 참여"

한다. 거듭나서 성령을 받을 때 이를테면 하나님의 DNA를 받는다. 신비롭게 신성과 합일한다는 뜻이 아니라 하나님의 사랑과 지혜와 진실하심과 정의와 자비와 선하심이 우리 안에 불어넣어진다는 뜻이다. DNA가 당신을 조상의 육적 특성과 이어 주듯이 성령께서는 당신을 하나님의 영적 특성과 이어 주신다.

결국 사도들을 변화시킨 것은 사건을 목격한 경험이 아니었다. 알다시피 가룟 유다는 예수님과 함께 살면서 그분의 아름다운 성품과 비상한 기적을 다 보고도 등을 돌렸다. 부활하신 예수님이 갈릴리의 산에서 제자들에게 나타나셨을 때도 일부는 경배했지만 "아직도 의심하는 사람들"이 있었다. 마 28:17 결국 그들의 참된 변화는 모든 그리스도인 안에 똑같이 내주하시는 성령의 역사였다. 행 1:8

은혜 안에서 자라 가라는 성경의 권고 벧후 3:18는 "덕을 기르라"는 말과는 사뭇 다르다. 많은 사람이, 신약이 대체로 모든 사람에게 명하는 바가 그저 예수님의 윤리를 본받아 살라는 정도라고 생각한다.

그분이 사랑과 자비와 정의를 실천하셨으므로 우리
도 다 그분처럼 살면 세상이 더 좋아진다는 식이다.

그 취지야 십분 존중하지만 성경 기자들이 그 정
도로 고지식하고 어리석지는 않다. 그리스도처럼 살
라는 말은 인간에게 불가능한 요구다. 우리의 본성에
철저히 어긋나는 생활 방식이므로 우리의 의지적 행
위로는 이룰 수 없다. 그리스도인이 그리스도를 닮아
야 한다는 성경의 명령에는 그들이 이미 거듭나서 신
성한 성품에 참여하고 있다는 전제가 깔려 있다.

"네 이웃을 네 자신같이 사랑하라"는 신약 기자들
의 말은 "네 이웃을 네 자신같이 사랑할 수 있도록 내
면의 그 새로운 성품을 양육하라"는 뜻이다. 일단 태
어나야 성장도 가능하다. 몸이 자라려면 몸이 태어
나야 하듯이 영이 자라려면 영이 태어나야 한다.

당신이 그리스도인인데 삶에 근본적 변화가 없다
면 변명의 여지가 없다. 당신은 변화를 포기한 부분
이 있는가? 일상에 뿌리내린 나쁜 습관과 관행을 방
치하는 데 익숙해졌는가? 심중에 잘못된 태도와 두
려움과 원망이 있는데도 적당히 타협하는가? 생명과

경건에 속한 "모든 것"이 당신에게 주어져 있다. ^{벧후} ^{1:3} 이제 얼마든지 은혜 안에서 성장할 수 있다.

점진적으로

자라다

베드로는 믿음에 덕, 지식, 절제, 형제 우애 등 다른 자질을 차례로 "더하라"라고 말한 뒤 이런 것이 "흡족"해져야 ^{점점 많아져야, NIV} 한다고 덧붙인다. 벧후 1:8 다시 말해서 은혜 안에서 이루어지는 성장은 점진적으로 이루어진다.

문화는 우리를 성질이 급해지게끔 길들인다. 제품 배송에 이틀이 걸리는 회사는 일일 배송이 가능한 회사 때문에 망한다. 다운로드에 10초가 소요되는 컴퓨터는 동일한 용량을 2초 만에 다운로드하는 컴퓨터에 밀려날 수밖에 없다. 8초 차이가 파산을 부른다. 바로 이런 문화 속에 우리가 살고 있다.

그런데 교회도 작금의 이런 문화에 휩쓸릴 때가

당신이 그리스도인인데
삶에 근본적 변화가 없다면
변명의 여지가 없다.
당신은 변화를 포기한 부분이 있는가?
일상에 뿌리내린 나쁜 습관과 관행을
방치하는 데 익숙해졌는가?
심중에 잘못된 태도와
두려움과 원망이 있는데도
적당히 타협하는가?

많다. 많은 교회와 사역 단체에서 대놓고 말하거나 은근히 암시한다. 그리스도께 정말 삶을 드리고 자기네 회중에 들어가 자기네 영적 성장 방법대로만 하면 당신을 속박하거나 괴롭히는 모든 것에서 금방 헤어날 수 있다고 말이다. 그들은 온갖 문제를 물리치는 영적 승리를 무슨 요술 지팡이마냥 약속한다.

그러나 성경은 그렇게 말한 적이 없다. 베드로가 썼듯이, 우리는 다시 태어나서 영적 아기로 시작한다. 벧전 2:2 유아가 몇 주나 몇 달 만에 어엿한 성인이 되는 일은 없다. 다년간의 양육과 노력과 시행착오를 거치면서 모든 것에서 배워야 한다. 성경에 이런 말은 없다. "갓난아이들같이 영적 젖인 하나님의 말씀을 먹으라. 이로 말미암아 너희로 구원에 이르도록 자라게 하려 함이라. 기를 쓰고 열심히 먹으면 자라는 속도가 더 빨라지리라."

아기의 성장을 앞당길 수는 없다. 아기가 자라기까지는 오랜 세월이 걸린다.

하지만 반전이 있다. 도토리로 거대한 콘크리트 판을 깨부수려 한다면 오히려 도토리가 산산조각 난다. 그러나 그 콘크리트 판이 보도블록이라 하고 그 밑의 땅에 도토리를 심어 보라. 발아되기만 하면 어떻게든 싹이 뚫고 올라와 여러 해에 걸쳐 서서히 콘크리트 판을 옆으로 밀어내거나 아예 반으로 쪼개 버릴 수도 있다. 느리지만 확실한 성장에는 바로 이런 위력이 있다.

요컨대 은혜 안에서 성장하는 것은 요술 지팡이보다 도토리에 더 가깝다. 당신 안에 들어오는 그 씨앗에 물을 주고 양육하면 결국 그것이 당신을 완전히 바꾸어 놓는다. 하나님의 능력이 당신 안에 있으면 결국 당신의 고질적 약점이 고쳐지고, 하나님의 사랑이 당신 안에 있으면 결국 당신의 이기심이 퇴치된다. 다만 점진적으로 일어나는 일이다.

또 아이의 성장처럼 그리스도인의 영적 성장도 개인마다 다름을 명심해야 한다. 자녀가 여럿인 부모는 알겠지만 옹알이든 걸음마든 다른 무엇이든 자녀마다 똑같은 나이나 시기에 똑같은 속도로 배우는 게 아니다. 쌍둥이조차도 서로 다르다. 영적 성장도 마찬가지다.

우리 가운데 더러는 남보다 훨씬 더 고생하고 학대당하고 성격 결함도 많은 상태에서 하나님의 가족이 된다. 또 처음 믿을 때 성경이나 기독교의 가르침을 거의 모르거나 아예 문외한인 사람도 있고 많이 아는 사람도 있다. 따라서 그리스도인의 성장하는 삶이란 늘 점진적일 뿐 아니라 사람에 따라 진행 속도도 다르다.

영적 성장은 또 한 가지 면에서 아이가 성년에 이르는 이치와 비슷하다. 〈나 같은 죄인 살리신〉을 쓴 18세기 찬송 작사가 존 뉴턴은 현명한 목사이기도 했다. 그가 한 친구에게 보낸 편지들에서 영적 성장의 기본 3단계를 말했는데, 그 내용이 얼추 아동기와 사춘기와 성인기와 비슷하다.[1]

새 신자들은 대개 아이처럼 열정적이며, 죄에서 해방되어 하나님과 가까워졌다는 새롭고 신기한 감정으로 충만하다. 그러나 뉴턴은 그들이 하나님의 용서가 값없는 선물이며 노력이나 자격으로 얻어 내는 것이 아니라는 사실을 전하는 복음을 믿기는 하지만, 아직 삶 전반에 복음을 적용할 줄은 모른다고 지적한다. 속으로는 그들도 여전히 율법주의자다.

하나님께 용서받았음을 알기는 하지만, 그분의 사랑이 변치 않는다는 확신의 근거를 자신이 큰 죄를 삼가고 기도에 충실하고 신앙 지식을 늘리고 특히 그분을 가깝게 느끼는 데 둔다. 이 모두가 하나님의 사랑을 확신한 **결과**가 아니라 확신을 갖는 데 갖추어야 할 **조건**인 셈이다.

그래서 그들 속에는 늘 "하나님이 정말 나를 사랑하실까?"라는 '불안'과 "나는 이 고집스런 사람들과 달리 그리스도께 헌신했다"라는 '교만'이 떠나지 않는다. 신앙이 어린 그리스도인은 부정적 감정과 영적 실패 앞에서 심히 침체된다. 감정과 영적 성공이 "공로의 명분" 즉 하나님의 은총을 받는 근거로 작용하기 때문이다.

그래서 뉴턴은 하나님이 그리스도인의 삶에 많은 일이 틀어지는 시기를 허락하신다고 이야기했다. 이때가 대략 사춘기에 해당한다. 사춘기 아이들도 부모의 권위 문제로 고전할 수 있다. 영적 감정이 시들해지고 삶이 지리멸렬해지면 "사춘기" 그리스도인은 하나님께 분노했다가 자신에게 분노하기를 왔다 갔다 한다. 그러나 뉴턴은 "이런 변화의 섭리를 통해 주님은 그를 단련하시고 앞으로 나아가게 하신다"고 썼다.

하나님은 고전하는 신자들을 인도하여 복음을 더 깊이 깨닫게 하신다. 미숙한 그리스도인은 그간의 좋은 감정과 순탄한 삶을 자기가 그리스도께 힘써 헌신해서 얻어 냈다고 믿는다. 그러다 역경과 시련이 닥쳐오면 은근한^{또는 보란 듯한} 자만심과 고지식함이 졸지에 떨어져 나간다.

그들이 전진할 수 있으려면 복음의 두 가지 진리 속으로 더 깊이 들어가야 한다. 자신의 죄와 흠이 생각보다 중하며, 그럼에도 불구하고 감히 꿈도 꾸지 못할 만큼 무조건 확실하게 하나님이 그리스도 안에서 자신을 받아 주신다는 사실이다. 뉴턴은 그리스도인의 성장에 관해 이렇게 썼다. "영광스러운 복음을 더 깨달으면 그가 사모하던 해방의 시간이 다가와, 주님이 받아 주심을 알고 그분의 완성된 구원에 의지하게 된다."[2]

끝으로 뉴턴은 "영적 성인"인 성숙한 그리스도인

우리가 전진할 수 있으려면
복음의 두 가지 진리 속으로
더 깊이 들어가야 한다.
내 죄와 흠이 생각보다 중하며,
그럼에도 불구하고
감히 꿈도 꾸지 못할 만큼 무조건 확실하게
하나님이 그리스도 안에서
나를 받아 주신다는 사실이다.

을 거론한다. 이들은 복음을 더 깊이 깨달았기에 능히 고난을 잘 감당한다. 삶에 찾아오는 고통의 시간이 자신의 죄에 대한 형벌도 아니고 하나님이 무심하신 탓도 아님을 안다. 또 그들은 하나님의 무조건적 사랑을 더 깊이 꿰뚫어 보므로 정서적으로 든든해져, 자신의 고질적 죄를 정당화하거나 부인하기보다는 훨씬 더 솔직하다. 그 결과 이전과는 달리 자신을 바로 알고 성격 결함을 극복할 수 있다.

뉴턴은 이야기한다. "(성인)은 주로 이 점에서 (사춘기 아이)보다 행복하고 우월하다. 즉 …… 기도하고 말씀을 읽고 듣는 등의 수단을 통해 신비로운 구속救贖의 사랑을 보는 눈이 더 명쾌하고 깊고 광범위해져 있다."[3]

생명이 심겨지는 일

신약에서 말하는 은혜란, 하나님이 자격 없는 사

람에게 호의를 베푸신다는 뜻이다. 하나님이 기꺼이 당신을 받아 주심은 당신이 아닌 예수님이 행하신 일 때문이다. 따라서 그런 의미에서라면 당신은 은혜 안에서 자라 갈 수 없다. 그분이 의롭다 하시는 칭의나 그분의 집에 들여지는 입양이 지금보다 더해질 수는 없다. 하지만 다른 의미에서, 이런 진리가 당신 마음에 미치는 영향력은 얼마든지 더 커질 수 있다. 그런 위대한 특권의 위력을 맛보는 경험은 날로 더해질 수 있다. 그리고 그래야만 비로소 역동적 능력이 생활 속에서 당신을 속속들이 변화시킨다.

몇 년 전, 우리는 휴가 중에 어느 패스트푸드 식당에 갔는데 패스트푸드fast food라는 말이 무색하게 서비스가 전혀 빠르지 않았다. 줄이 움직이는 속도가 아주 느렸다. 알고 보니 카운터 직원이 주문마다 애를 먹고 있었다. 더 가까이 가서야 알았는데, 매번 그렇게 더딘 이유는 그녀의 영어 솜씨가 좀 서툴러서였다. 갓 이민을 왔던 모양인지 손님들의 말을 잘 알아듣지 못했다.

나는 조급해져서 "점주는 왜 말도 제대로 못하는

사람을 저 자리에 세웠지?"라고 혼자 중얼거렸다. 그 순간 문득 그날 아침에 보았던 성경 구절이 떠올랐다. 하나님이 이스라엘 백성에게 그들 가운데 이민자와 외국인을 친절히 대하라고 명하신 신명기 말씀이었다.

> 너희는 나그네를 사랑하라 전에 너희도 애굽 땅에서 나그네 되었음이니라. 신 10:19

나는 허를 찔렸다. 하나님은 "너희는 이민자를 사랑하고 친절히 대하라. 내 명령이니 무조건 따르라!"라고 하실 수도 있었지만 그러지 않으셨다. 그러셨다면 우리의 의지에 직접 부담이 되었을 것이다. 그 방법도 잘못은 아니지만 영속적 변화를 낳지는 못한다. 그래서 하나님은 그런 식으로 명령하지 않으시고, 이스라엘 백성에게 "나그네이자 노예였던 너희를 내가 해방시켜 주었음을 잊지 말라. 내가 너희를 대한 대로 너희도 이민자와 나그네를 대하라"라고 하셨다.

이는 우리 의지에 부담을 줄 뿐 아니라 마음까지 변화시킨다. 우리를 낮추면서도 세워 준다. 그분의 사랑을 기억하기 때문이다. 이는 그저 도의상 동조하라는 명령이 아니라 은혜 안에서 자라 가라고 요구한다. 하나님의 은혜라는 논리가 우리의 사고 속에 배어들어 마음의 동기부터 변화시켜야 한다.

물론 내게도 적용되는 말씀임을 즉각 알았다. 실제로 애굽의 노예는 아니었어도 나 또한 바울의 말대로 하나님 나라 "밖의 사람"이었다. "외인이요 세상에서 소망이 없고 하나님도 없는 자이더니 이제는 전에 멀리 있던 너희가 그리스도 예수 안에서 그리스도의 피로 가까워졌느니라."엡 2:12-13

예수님이 천국에서 누리시던 권력과 위상을 버리신 덕분에 영적 이방인이요 외부인인 내가 받아들여졌다. 그분이 배제당하신 덕분에 내가 받아들여졌다. 현대인들이 "자신이 누리는 특권 점검하기" 개념을 말하기 오래전부터 하나님은 모든 신자에게 강력한 해독제를 주셔서, 인종과 계층을 내세우며 우월감에 취하는 본능적 성향을 물리치게 하셨다.

잠시 뒤 카운터에 다가가 그 직원에게 주문을 할 때쯤에는 이런 생각으로 바뀌었다. "주 예수님, 저도 나그네였는데 주님께서 친히 무한한 대가를 치르시고 저를 받아들여 주셨습니다."

은혜를 깨달으면 그때부터 당신의 마음이 변화되고, 하나님이 당신 안에 기르시는 새사람이 자리한다. 그 결과 진정한 인내와 친절이 우러나 행동까지 제대로 바뀐다.

은혜 안에서 이루어지는 성장은 생명이 심겨지는 일이라는 말이 무슨 뜻인지 이제 알겠는가? 이 성장은 우리의 내면에서부터 퍼져 나가며, 기계적이라기보다 유기적이다.

돌무더기에 계속 돌을 더 던지면 무더기가 커질 수 있다. 마찬가지로 당신도 그리스도인으로서 하는 여러 활동을 쌓아 올리고 교회 공예배에 한 번도 빠지지 않고 출석할 수 있다. 머리로만 아는 기독교 교리와 성경 정보를 늘릴 수도 있다. 그러나 이는 지혜와 깊이와 행복과 사랑이 더해 가는 것과는 다르다.

당신은 돌무더기처럼 커지는 중인가, 아니면 아

이처럼 점점 자라서 성숙한 어른이 되어 가는 중인가? 우리는 은혜 안에서 얼마든지 성장할 수 있다. 그 성장은 점진적으로 이루어지며, 생명이 심겨지는 일이다.

은혜 안에서 자라 갈 때
나타나는 열매들

은혜 안에서 성장하는 것은 실제로 어떤 모습으로 나타날까? 아키발드 알렉산더가 다음과 같이 쭉 열거했다.

간혹 퇴보도 있겠지만 전체적으로 진보한다. 성장은 때에 따라 더 빠르거나 더딜 수도 있고, 영역에 따라 더 두드러지거나 미미할 수도 있다. 그러나 시간이 가면 발전하게 되어 있다.

이타심이 자란다. 타인과 특히 가족을 큰 근심에 빠뜨리는 자신의 방종을 억제할 줄 안다. 당신의 지출, 식생활, 남 앞에서 하는 말 등을 보다 잘 절제할 수 있다는 뜻이다. 알렉산더는 여기서 "절제의 모조품인 과민한 양심은 때로 지극히 순수한 만족에조차 시비를 건다"고 흥미로운 내용을 덧붙였다.[4]

때때로 공예배를 드리고 기도하는 가운데 하나님이 생생히 느껴지고, 그런 경건의 시간에 그분을 만나려는 갈망도 깊어진다. 물론 다양한 요인에 따라 기복이 있기는 하다. 질병, 피로, 시련, 역경, 유난히 바쁜 활동 때문에 고전 작가들이 말한 "하나님의 임재 의식"이 약해질 수 있다. 그러나 전반적으로는 기도와 말씀 읽기를 통해 사랑으로 하나님과 교제하는 시기가 간헐적으로라도 지속될 것이다. 윌리엄 쿠퍼의 유명한 찬송가에 그것이 이렇게 묘사되어 있다.

찬송하는 성도에게
놀라운 빛 비치니
주님 치유의 날개로
우리를 덮으시네.
고난당한 영혼에게
위안이 사라질 때

주님 밝은 빛 비추사

다시 새 힘 주시네.[5]

사랑하기 힘든 사람들을 향한 사랑도 자란다. 당신은 이웃을 사랑함으로써 기꺼이 공동체의 공동선에 기여한다. 특히 자신이 신자임을 공공연히 밝히며 자원해서 믿음을 전한다. 자신의 주식인 생명의 양식을 누구에게나 나누고 싶어서다.

남에게 부당 대우를 당하고도 진심으로 용서하며 상대가 잘되기를 바랄 수 있다면, 이것이야말로 당신이 은혜 안에서 자라 가고 있다는 아주 강력한 증거다. 관련된 불의를 바로잡고자 대담하고도 겸손하게 정의를 추구하는 것과는 별개로 말이다.

또 삶의 우여곡절과 제반 상황 속에서 갈수록 더 하나님의 지혜를 의지하게 된다. "하나님을 사랑하는 자 …… 들에게는 모든 것이 합력하여 선을 이루느니라"라고 선포한 로마서 8장 28절은 개별적으로 모든 악한 일이 선을 낳는다는 뜻이 아니라 **종합적으로** 삶 전체가 당신의 눈에는 아직 보이지 않는 어떤 틀에 맞아 들어가 결국 당신의 유익과 그분의 영광을 이룬다는 약속이다.

이 약속을 의지하는 그리스도인은 다음과 같이 된다. "앞날이 아무리 캄캄하고 당신을 에워싸는 어려운 일이 아무리 많아도 …… 당신은 믿음으로 사는 법을 배웠다. 가난하고 잊힌 상태에서도 겸손히 자족하는 것으로 보아 예수님께 받은 가르침이 당신에게 유익이 되었다."[6]

끝으로 은혜 안에서 자라 가면 그 징후로 나와 비슷한 부류의 그리스도인만 아니라 나와 다른 그리스도인까지도 더 사랑하게 된다. 안타깝게도 기독교 교회는 아직도 다분히 인종이나 사회적 계층에 따라 분열되어 있다. 당신이 다니는 교회 교인들도 아마 인종, 교육 수준, 사회적 계층이 당신과 비슷할 것이다.

그러나 은혜 안에서 성장하고 있는지 확실하게 알 수 있는 징후는 자신과 사회적 지위가 같은 비신자보다 사회적 지위가 다른 신자에게 더 친밀한 유대감을 느끼는 것이다. 다른 그리스도인을 진정으로 사랑하면 나머지 모든 인간을 갈라놓는 정치, 이념,

인종, 사회적 계층의 장벽도 뛰어넘을 수 있다.

지금까지 말한 새로운 감각, 새로운 정체성, 새로운 습관, 새로운 사랑과 같은 이런 변화를 당신의 삶에서 본 적이 있는가? 느리지만 확실하게 이 모두가 당신 안에서 자라나 당신을 변화시키고 있어야 한다.

이런 새로운 피조물의 가장 흥미로운 사례 가운데 하나로 니고데모를 꼽을 수 있다. 예수님이 십자가를 지신 시점을 그린 요한복음 끝부분을 보자.

요한복음 19장에 보면 그리스도의 시신이 아직 십자가에 달려 있을 때 니고데모와 아리마대 요셉이 가서 시신을 요구한다. 유대 공회 의원이자 부유하고 성공한 이 두 남자는 곧 십자가로 가서 시신을 내려서는 직접 수습하여 장례를 준비한다. 핏자국과 오물을 깨끗이 다 닦아 낸 뒤 사이사이 향품을 넣어가며 정성껏 수의에 싼다. 이들의 행동은 충격적이었다. 왜 그럴까?

우선 이는 믿기 어려울 만큼 대담무쌍한 조치였다. 어떤 운동이든 지도자가 처형되면 누구라도 그의 제자로 보이고 싶지 않은 법이기 때문이다. 실제

은혜 안에서 성장하고 있는지
확실하게 알 수 있는 징후는
자신과 사회적 지위가 같은 비신자보다
사회적 지위가 다른 신자에게
더 친밀한 유대감을 느끼는 것이다.
다른 그리스도인을 진정으로 사랑하면
나머지 모든 인간을 갈라놓는
정치, 이념, 인종, 사회적 계층의 장벽도
뛰어넘을 수 있다.

로 다른 제자들은 일찌감치 다 숨었는데 이들 둘은 기꺼이 나서서 그분의 제자임을 떳떳이 밝혔다.

또 한 가지 중요한 사실은 그 문화에서 시신을 씻어 장례를 준비하는 일이 오직 여자나 종의 몫이었다는 것이다. 그 일을 불결한 일이라 여겼기 때문이다. 지체 높은 남자라면 결코 하지 않을 일인데도 요셉과 니고데모는 했다.

이는 니고데모가 이미 철저히 변화되었다는 뜻이다. 그는 한편으로 이전보다 용감하고 대담하면서도 한편으로 남자로서의 자존심을 내려놓았다. 이전보다 당차면서도 겸손해졌고 용기와 문화적 유연성을 겸비했다. 이런 구속救贖된 남성성은 어디서 왔을까? 그의 정체성이 송두리째 뽑혀 복음이라는 새로운 땅에 다시 심겨진 결과였다. 앞서 말했듯이 복음은 다른 어떤 신념이나 경험보다도 더 당신을 낮추면서 또한 높인다.

내 힘으로 얻어 낸 구원의 경우, 성공하면 담대해지는 대신 약간 교만해지고, 실패하면 겸손해지는 대신 확신을 잃어버린다. 하지만 복음은 '우리 자신은 가망 없는 죄인이지만 그리스도 안에서 은혜로 구원받고 사랑받는다'고 말한다. 그래서 당신도 니고데모와 요셉처럼 담대하고 강하면서도 동시에 겸손하고 부드러워진다.

여기 복음의 역설이 있으니 곧 자신이 한없이 연약한 존재임을 인정하는 사람만이 이처럼 강해지고, 예수님을 위해 자기 목숨을 잃는 자만이 실제로는 자기 목숨을 얻는다. 마 10:39

C. S. 루이스도 똑같은 말로 그의 책《순전한 기독교*Mere Christianity*》를 마무리했다.

이 원리는 삶 전반에 완벽하게 적용 가능하다. 자신을 버리면 참자아를 발견한다. 목숨을 버리면 목숨을 구한다. 죽기로 하면 ─날마다 야심과 사사로운 소원을 죽이다가 마침내 온몸의 죽음까지 받아들이면 ─영생을 얻는다. 아무것도 움켜쥐지 말라. 베풀지 않는다면 아무것도 당신의 참소유가 되지 않는다. 죽지 않는다면 당신의 그 무엇도 다시 살지 못한다. 자신을 구하면 결국

증오와 고독과 절망과 분노와 멸망과 부패밖에
얻지 못한다. 그러나 그리스도를 구하면 그분은
물론 나머지도 덤으로 다 얻는다.[7]

하나님의
복

히브리서 6장 7-8절에 보면 생명과 성장은 "하나
님께 복을 받은" 결과다.[8] 그러니 부디 이 글을 읽고
있는 당신도 이 신성한 복을 누리며 살아가기를 기
도한다.

아기가 태어나는 일은 경이로운 사건이다. 축하
한다!

그리스도 안에서 새 생명이 태어나는 일은 영원
한 사건이다. 할렐루야! **한 번 태어나면 두 번 죽고
두 번 태어나면 한 번 죽는다.**

이제 "우리 주 곧 구주 예수 그리스도의 은혜와
그를 아는 지식에서 자라 가라."^{벧후 3:18}

감사의 말

이 책을 비롯한 이번 시리즈는 도서출판 바이킹의 편집자 브라이언 타트에게 평소보다 더 큰 감사를 빚졌다. 아내의 여동생이요, 나의 처제 테리 홀의 장례식에서 내가 죽음에 대한 짤막한 묵상을 전했는데, 그 설교를 바로 브라이언이 들었다.

그는 우리에게 그 내용을 책으로 펴내되 단권이 아니라 세 권의 소책자로 엮어 태어남과 결혼과 죽음을 다루자고 제안했다.

지난여름 폴리 비치에서 이 시리즈의 집필을 가능하게 해 준 사우스캐롤라이나의 많은 친구에게도 감사를 전한다.

주

_____ 1

1. Derek Kidner, *Psalms 73-150: An Introduction and Commentary*, Tyndale Old Testament Commentaries, 제16권 (Downers Grove, IL: InterVarsity Press, 1975), 502-503.

2. 크리스티 라즈가 C. S. 루이스의 우주 3부작을 바탕으로 실시한 흥미로운 성(性) 연구를 withhandsopen.com에서 볼 수 있다. 그녀의 게시물을 모두 읽어 볼 것을 권한다. 아울러 루이스의 《침묵의 행성 밖에서》(*Out of the Slient Planet*), 《페렐란드라》(*Perelandra*), 《그 가공할 힘》(*That Hideous strength*, 이상 홍성사 역간)을 읽으면 남성성과 여성성을 다룬 최고 수준의 도전적이고 유익한 고찰을 얻을 수 있다.

3. Jennifer Senior, *All Joy and No Fun: The Paradox of Modern Parenthood* (New York: HarperCollins, 2014), 43. 제니퍼 시니어, 《부모로 산다는 것》(알에이치코리아 역간).

4. Senior, *All Joy and No Fun*, 44. 제니퍼 시니어, 《부모로 산다는 것》(알에이치코리아 역간).

5. Senior, *All Joy and No Fun*, 8. 제니퍼 시니어, 《부모로 산다는 것》(알에이치코리아 역간).

6. C. S. Lewis, *Prince Caspian* (New York: Macmillan, 1951), 182. C. S. 루이스, 《캐스피언 왕자》(시공주니어 역간).

7. 동방 정교회, 가톨릭, 성공회, 루터교, 장로교, 개혁 감리교 등 세

계 기독교 교회 대부분은 유아 세례를 시행하지만, 물론 시행하지 않는 그리스도인도 수억에 달한다. 후자는 어느 정도 나이가 차서 스스로 신앙을 고백하는 사람에게만 세례를 베푼다. 여기서 유아 세례 찬성론을 펴려는 것은 아니다. 다만 거의 모든 그리스도인이 어떤 식으로든 이스라엘의 할례 및 기독교 유아 세례의 영적 취지를 이해하고 실천한다고 볼 수 있다. 둘 다 자녀를 하나님께 바치고 신앙 공동체 안에 받아들이며, 또 양육할 가정에 은혜 베푸시기를 바라고 기도하는 행위다.

8. 이런 문항이 인터넷에 여러 버전으로 올라와 있다. 분명히 교단마다 표현을 다듬어서 써 왔고, 어느 것이 원작에 가장 가까운지 알 수 없다. 내가 소개한 예는 약간씩 다른 여러 형태를 반영한 것이다.

9. Kim Tingley, "What Can Brain Scans Tell Us About Sex?," *New York Times Magazine*, 2019년 9월 18일.

10. 다음 책을 참조하라. James D. Hunter, *The Death of Character* (New York: Basic Books, 2001).

11. Hunter, *The Death of Character*, 제3부 의도하지 않은 결과, 153-227쪽을 참조하라. "이미 증거가 충분히 나와 있거니와, 젊은 층에게 도덕 교육의 효과가 가장 오래가려면 그들이 사는 사회 세계가 일관되게 도덕〔우주론〕을 구현해야 하며, 그 도덕을 규정하는 것이 공공선은 물론 개인의 선에 대한 명확하고 납득할 만한 인식이라야 한다. …… 이런 학교와 청소년 단체와 대형 공동체는 도덕 문화를 공유하고 통합하며 서로 강화해 준다. …… 말할 것도 없이 사회문화적 통합과 안정도가 이런 수준인 공동체는 오늘날 미국에서 찾아보기 힘들다"(155쪽).

12. Alasdair MacIntyre, *After Virtue: A Study in Moral Theory* (South Bend, IN: University of Notre Dame Press, 2007). 알래스데어 매킨타이어, 《덕의 상실》(문예출판사 역간).

13. 다음 책에 이 두 관점을 잘 정리해 놓았다. Kenneth Keniston & the Carnegie Council on Children, *All Our Children: The American Family Under Pressure* (New York: Houghton-Mifflin Harcourt Press, 1978).

14. Timothy Keller & Kathy Keller, *God's Wisdom for Navigating Life* (New York: Viking, 2016), 285. 팀 켈러, 캐시 켈러, 《팀 켈러, 오늘을 사는 잠언》(두란노 역간).

——— 2

1. 짚어 둘 것이 있다. "하나님〔의〕 나라"라는 용어가 공관복음인 마태복음과 마가복음과 누가복음에는 빈번히 쓰였으나 요한복음에는 거의 등장하지 않는다. 요한복음 뒷부분에 잠깐 지나가듯 언급된 것 말고는 요한이 이 용어를 쓴 곳은 이 본문뿐이다. 그만큼 신약에서 말하는 거듭남이 하나님 나라의 개념과 밀접하게 연관되어 있다는 뜻이다.

2. "'거듭남'을 뜻하는 팔린게네시아는 …… 유대 저작보다 스토아 철학에 더 흔히 쓰이던 단어지만 〔구약의〕 종말론적 소망인 '새 하늘과 새 땅'(사 65:17; 66:22 등)을 요약하는 말로도 제격이다. …… 스토아 사상에서 이 단어는 주기적으로 일어나는 큰불로 반복적으로 잿더미가 되는 땅 위에 세상이 재건된다는 순환적 거듭남을 의미했다." R. T. France, *The Gospel of Matthew, New International Commentary on the New Testament* (Grand Rapids, MI: William B. Eerdmans Publishing Co., 2007), 742-743. R. T. 프랜스, 《NICNT 마태복음》(부흥과개혁사 역간).

3. 이번 단락은 다음 책을 많이 참고했다. Archibald Alexander, *Thoughts on Religious Experience* (Edinburgh, Scotland: Banner of Truth Trust, 1967), 21-31. 아키발드 알렉산더, 《영적 체험: 회심에서 임종까지》(지평서원 역간).

4. Alexander, *Thoughts on Religious Experience*, 64. 아키발드 알렉산더, 《영적 체험: 회심에서 임종까지》(지평서원 역간).

5. New American Standard Bible, NASB.

6. Larry Hurtado, *Destroyer of the Gods* (Waco, TX: Baylor University Press, 2016), 93-94. 래리 허타도, 《처음으로 기독교인이라 불렀던 사람들》(이와우 역간).

7. NASB의 표현이며 KJV에서도 "회심하지"(converted)로 번역했다. 다른 여러 역본에는 그냥 "돌이켜야"(turn) 한다고 되어 있으나 헬라어 원어 "스트라페테"는 이 방향으로 가다가 돌아서서 저 방향으로 가는 완전한 전환을 뜻한다. 예수님은 이 전환이 영적으로 "어린아이들과 같이 되는" 겸손한 신뢰를 뜻한다고 부연하셨다. 그래서 성경학자 레온 모리스는 "문맥상〔단어 '스트라페테'는〕삶 전체의 방향이 달라지는 것 즉 회심을 의미한다"고 썼다. Leon Morris, *The Gospel According to Matthew*, Pillar New Testament Commentary (Grand Rapids, MI: William B. Eerdmans Publishing Co., 1992), 459.

8. Martin Luther, "Preface to Latin Writings," *Luther's Works*, 제34 권 (St. Louis: Concordia, 1972), 336-337.

9. "이 '때'라는 단어는 매번 그분이 십자가에 죽으시고 그로 말미암아 높아지실 일 (요 7:30; 8:20; 12:23, 27; 13:1; 17:1)이나 거기서 파생되는 결과(요 5:28-29)를 가리킨다. 따라서 여기서만 다른 의미로 해석한다면 부자연스러울 것이다." D. A. Carson, *The Gospel According to John* (Leicester, England; Grand Rapids, MI: InterVarsity Press; W. B. Eerdmans, 1991), 171. D. A. 카슨, 《요한복음: PNTC 주석 시리즈》(솔로몬 역간).

———— 3

1. John Newton, *The Works of John Newton*, 제1권 (Edinburgh, Scotland: Banner of Truth Trust, 1985), 197-217. 존 뉴턴, 《존 뉴턴 서한집》(CH북스 역간). 본문에 인용한 편지는 "싹이 났을 때 주님이 주시는 은총", "이삭이 나올 때 임하는 은총", "이삭에 충실한 곡

식" 등의 제목이 붙은 처음 세 통이다. 편지 제목에서도 알 수 있
듯이 뉴턴은 그의 표현으로 각각 A, B, C 단계의 그리스도인을
다양한 은유로 묘사했다. 나는 그중 아동기와 사춘기와 성인기
의 은유만 따왔다.

2. Newton, *The Works of John Newton*, 제1권, 203. 존 뉴턴, 《존 뉴턴 서한집》(CH북스 역간).

3. Newton, *The Works of John Newton*, 제1권, "이삭에 충실한 곡식," 211. 존 뉴턴, 《존 뉴턴 서한집》(CH북스 역간).

4. Archibald Alexander, *Thoughts on Religious Experience* (Edinburgh, Scotland: Banner of Truth Trust, 1967), 159. 아키발드 알렉산더, 《영적 체험: 회심에서 임종까지》(지평서원 역간). 알렉산더에 따르면 절제가 율법주의로까지 치달아 "매일의 식사조차 주저하는 이들도 있다"(159쪽).

5. *William Cowper's Olney Hymns* (Minneapolis, MN: Curiosmith, 2017).

6. Alexander, *Thoughts on Religious Experience*, 160. 아키발드 알렉산더, 《영적 체험: 회심에서 임종까지》(지평서원 역간).

7. C. S. Lewis, *Mere Christianity* (New York: Macmillan, 1960). C. S. 루이스, 《순전한 기독교》(홍성사 역간).

8. "땅은 자주 내리는 비의 혜택으로 풍요롭고 비옥해져 풍작을 이뤄 내 사람을 이롭게 한다. 이렇게 땅의 본분을 다하는 것이 하나님의 복이다. 영적 생산성도 하나님의 은혜가 역사한다는 표시다. 인생의 땅에 자비의 비를 내리시고 또 농부로서 자신의 포도원을 경작하여(요 15:1) 자라게 하시는 이(고전 3:6 이하)가 하나님이시기 때문이다." Philip Edgcumbe Hughes, *A Commentary on the Epistle to the Hebrews* (Grand Rapids, MI: William B. Eerdmans Publishing Co., 1977), 222.